Ejercita tu mente

Ejercita tu mente

William Kessel

© 2010, Ediciones Robinbook, s. L., Barcelona

Diseño de cubierta: Regina Richling
Fotografía de cubierta: iStockphoto
Producción y compaginación: MC producció editorial

ISBN: 978-84-96746-46-6
Depósito legal: B-35.259-2011

Torre Bovera 6-7
08740 Sant Andreu de la Barca

Respuestas

Encontrarás las repuestas, en el orden de los problemas, en la página 167. En algunos casos, puedes llegar a una respuesta diferente, pero igualmente correcta. En la mayoría de problemas, las explicaciones corresponden a las respuestas estipuladas.

1. Siluetas 1

Haz un corte de dos líneas rectas que parta esta figura en dos siluetas iguales.

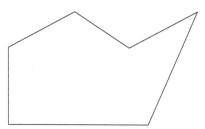

2. Velocidad media

Un hombres hace un cierto recorrido a 6 km/h corriendo, y vuelve andando por el mismo camino a 4 km/h.
¿A qué velocidad va?

3. Pirámides a pintar

Una vez dos pintores discutieron si las tres aristas de un tetraedro o pirámide triangular podían pintarse con sólo tres colores, y siempre los mismos, en el sentido de las agujas del reloj. Resuelva usted la vieja cuestión para que los dos bandos puedan descansar en paz.

En la figura vemos un triángulo con los lados pintados en blanco, gris y negro. Al lado de éste se ha dibujado un tetraedro. El problema consiste en averiguar cómo pintaríamos los cantos del tetraedro de modo que todas las caras repitiesen la misma secuen-

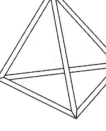

cia de colores: blanco, gris y negro, en el sentido de las agujas del reloj.

4. Parentescos

El señor Pensativo se detiene muy orgulloso delante de un retrato colgado en su salón y le explica a su invitado, en el estilo enigmático que le es habitual:

—Mire usted, yo no tengo hijo ni hermano, pero el padre de la persona aquí representada es el hijo de mi padre.

El invitado asiente por cortesía, aunque le haya sonado como latín. ¿Le pasaría a usted lo mismo, o sabría decirnos quién es la persona retratada?

5. De cuatro haz tres

Cuatro líneas rectas delimitan un cuadrado y tres un triángulo. Ambas se pueden dibujar de un solo trazo.
Pero con cuatro líneas también se puede dibujar de un trazo una figura simétrica que delimite tres áreas. Éstas áreas serían dos triángulos rectangulares del mismo tamaño y una cometa.

6. Robo en el supermercado

Se ha producido un robo en el supermercado. Alguien salió del recinto con un carro repleto de artículos sin efectuar el pago en caja. Uno de los tres sospechosos es el culpable. Pero ¿quién? La afirmación del culpable es cierta, mientras que las dos restantes son falsas.
    ¿Quién es el culpable?

A. B robó el carro repleto de comestibles.
B. La afirmación de A es verdadera.

C. La afirmación de A es falsa.

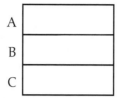

Escriba una F (falso) o una V (verdadero) en las casillas a medida que extraiga sus conclusiones.

7. Puntos

Reordene estos 25 puntos para obtener 12 filas de 5 puntos cada una.

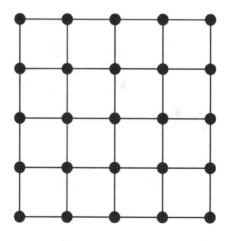

8. Hija

Soy cuatro veces mayor que mi hija.
Dentro de 20 años seré dos veces mayor que ella.
¿Cuántos años tenemos ahora?

9. Teresa y Eusebio

Puesto que va de parentescos: Teresa tiene un hermano llamado Eusebio. Eusebio tiene tantos hermanos como hermanas. Teresa tiene el doble de hermanos que de hermanas. ¿Cuántos chicos y chicas hay en la familia?

10. Triángulo mágico

La señora Milagros cree en el poder de las figuras mágicas, y sobre todo confía en los triángulos. Por eso se dedica a inventar una infinidad de combinaciones y formas, que conducen siempre al triángulo originario.

En una de estas cavilaciones, idea unos triángulos mágicos que constan de diez posiciones numeradas del cero al nueve. Se trata de disponer las cifras de los lados de manera que den la misma suma. Como hay varias soluciones posibles, la señora Milagros se ha propuesto averiguar el número triangular máximo, y el mínimo, que pueden obtenerse en estas condiciones.

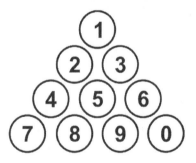

11. La cuadratura de la espiral

En la página siguiente podemos observar una espiral compuesta de cerillas individuales. Sólo con mover cuatro cerillas, podrá usted dibujar tres cuadrados con ella, e incluso cuatro.

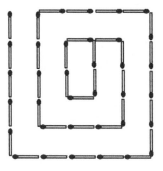

12. Empujón en la fiesta junto a la piscina

La fiesta junto a la piscina había resultado de lo más divertida hasta que alguien empujó a Janie y cayó al agua completamente vestida. Nadie tenía absoluta certeza de quién lo había hecho, si bien la lista de sospechosos finalmente quedó reducida a cuatro personas. Cada una de ellas hizo una afirmación. Sin embargo, ninguno de los cuatro sospechosos dijo la verdad. La identidad del culpable puede deducirse a partir de sus afirmaciones.

¿Quién lo hizo?

A. B o C empujaron a Janie.
B. Yo lo hice.
C. D lo hizo.
D. A lo hizo.

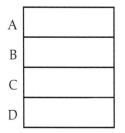

13. Símbolos 1

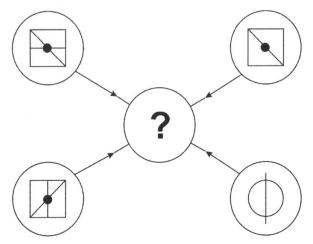

Cada línea y cada símbolo de los que aparecen en los cuatro círculos exteriores se traslada al círculo central según esta regla:

Si una línea o un círculo se encuentra en los círculos exteriores:

1 vez: se traslada.
2 veces: puede que se traslade.
3 veces: se traslada.
4 veces: no se traslada.

¿Cuál de los círculos A, B, C, D o E, debería aparecer en el centro del diagrama?

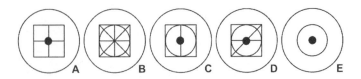

14. Ovejas y cerdos

Pedro, el granjero, quería vender tres ovejas y comprar dos cerdos, pero le faltaban 400 euros. Entonces vendió dos ovejas y compró un cerdo, y se quedó sin ganar ni perder dinero. Todas las ovejas se vendían al mismo precio y todos los cerdos costaban lo mismo.
¿Qué precio tenía cada cerdo y cada oveja?

15. El vagabundo

Un vagabundo se hace un pitillo con cada siete colillas que encuentra en el suelo.
¿Cuántos pitillos podrá fumarse sabiendo que ha recogido 49 colillas?

16. Otra de edades

Un tío le dice a su sobrino:

—Yo tengo el triple de la edad que tú tenías cuando yo tenía la edad que tu tienes. Cuando tú tengas la edad que yo tengo, la suma de las dos edades sera de 70 años.

¿Qué edad tienen ambos ahora?

17. Una visión en negativo

Los fotógrafos no tienen ningún problema a la hora de asociar un negativo a su fotografía correspondiente. Ellos disponen de un ojo especialmente adiestrado para este tipo de comparaciones. Sin embargo, basta con invertir los lados de la copia para que incluso ellos tengan dificultades.
En el dibujo se pueden ver figuras de distintas formas. Por un lado están las positivas (negras sobre fondo blanco) y por el

otro las negativas (blanco sobre fondo negro). Además, estas figuras están especularmente invertidas o giradas. De cada figura existen dos versiones, una blanca y otra negra. Encuentre las figuras que encajan y escriba el número de la figura negra en la blanca que le corresponde.

18. ¿Quién puso la serpiente de cascabel en el garaje de Henry?

«Supongo que sólo fue una travesura», dijo Henry. En todo caso, lo cierto es que las serpientes de cascabel son animales extremadamente peligrosos y alguien dejó una de estas criaturas viva en el garaje de Henry.

Hay tres sospechosos. Sus afirmaciones son verdaderas con la salvedad de que ninguno de ellos menciona directamente al culpable. ¿Cuál de ellos es el culpable?

A. 1. C no es el culpable.
    2. Las serpientes de cascabel no son buenas para la salud.
B. 1. La primera afirmación de A es falsa.
    2. La primera afirmación de C es verdadera.
C. 1. Jamás me acercaría a una serpiente de cascabel.
    2. A no es el culpable.

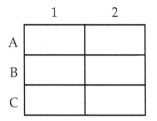

19. Cuadrados 1

¿Cuántos cuadrados hay en esta figura?

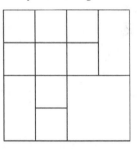

20. La carrera

Dos hombres corren en una carrera de 100 metros y el hombre A gana por 10 metros. Entonces deciden hacer las cosas más justas en una segunda carrera, dando 10 metros de ventaja al hombre B. Realizan la carrera a la misma velocidad que la anterior. ¿Cuál es el resultado?

21. Escritura mágica

Ve usted aquí el número 1.000 y una circunferencia con su centro. Ambas figuras han sido trazadas sin levantar el lápiz del papel, es decir, de un solo trazo. A ver si lo consigue.

22. Gatomaquia

Los mejores criadores de gatos del país han organizado la 10.ª exposición de su gremio y han ideado un concurso para los asistentes. Los que contesten acertadamente a la pregunta del concurso participarán en un sorteo cuyos premios consistirán en tres espléndidos gatos de raza.

Tras discutir la cuestión un rato, la señora Gatera, presidenta de la asociación, propone el enigma siguiente:

«Sumando cabezas y pies de nuestros mejores criadores, con los de sus ejemplares presentados a la exposición, sin necesidad de buscarle tres pies al gato, nos sale un total de 100 cabezas y 380 pies. ¿Cuántos criadores y cuántos gatos hay en la exposición?».

¿Qué habría escrito usted en la tarjeta del concurso para poder participar en el sorteo?

23. La tarea de toda una vida para conductores testarudos

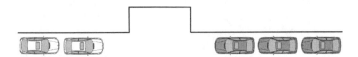

En una carretera de montaña de un solo carril se encuentran, como muestra el dibujo, cinco coches en un aparcamiento que sólo puede albergar a uno de ellos. De inmediato comienza una discusión sobre la mejor manera de seguir cada uno con su marcha. Cada uno de los conductores tiene sus propias teorías y ninguno escucha lo que dice el otro.

Para solucionar el problema debe hacer maniobrar los coches de modo que se disuelva el atasco en el menor número de maniobras posible. Más de dos maniobras por coche sería demasiado.

24. ¿Quién es el ratero?

En tiempos recientes se ha producido una serie de robos en las tiendas del centro comercial de la localidad. Gracias a los testimonios aportados por algunos de los empleados que allí trabajan se ha podido identificar a tres sospechosos, quedando claro que uno de ellos es el culpable.

Sus declaraciones figuran a continuación. Sin embargo, el culpable formula tres afirmaciones falsas; uno de los dos sospechosos restantes hace dos afirmaciones verdaderas y una falsa; mientras que el tercero hace una afirmación verdadera y dos falsas. ¿Cuál de ellos es el ratero?

A. 1. La primera afirmación de C es falsa.
   2. C lo hizo.
   3. Yo no soy el sospechoso más probable.
B. 1. A es el sospechoso más probable.
   2. Supe de los robos con posterioridad.
   3. Soy inocente.
C. 1. La primera afirmación de B no es verdadera.
   2. A lo hizo.
   3. La segunda afirmación de B es falsa.

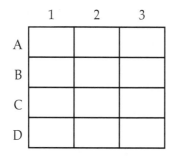

25. La discordante 1

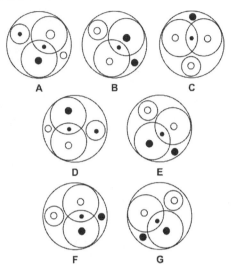

A　　　B　　　C

D　　　E

F　　　G

¿Cuál de estas opciones está en discordancia con las demás?

26. Silos

Unos silos de grano tienen las siguientes capacidades:

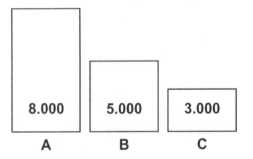

A, 8.000 litros.
B, 5.000 litros.
C, 3.000 litros.

A, está lleno.
B, está vacío.
C, está vacío.

Tienes que meter 4.000 litros en A y 4.000 litros en B.
Ninguno de ellos lleva medidas.
¿Cómo puedes hacerlo?

27. Derecha o izquierda

Por fin una misión interestelar ha logrado encontrar un planeta habitable en la inmensidad del Universo. Entusiasmado, el capitán Céspedes transmite el mensaje a la Tierra por transmisor mental, y al cabo de pocos segundos recibe la respuesta en sus circunvoluciones cerebrales:

—Roger, antes de dar orden de colonizar este planeta necesitamos saber si gira a la izquierda o a la derecha alrededor de su sol, no sea que nos veamos obligados a habituarnos a un sentido de giro contrario.
Al recibir esta comunicación, el capitán Céspedes corta el contacto con la Tierra y se encierra en un largo silencio.

¿Por qué no contesta el capitán?

28. La piscina de Muchaplata

Para llenar de agua su piscina, Muchaplata ha dispuesto tres surtidores. El primer surtidor tarda 30 horas en llenarla; el segundo tarda 40 horas y el tercero, tarda cinco días. Si los tres surtidores se conectan juntos, ¿cuánto tiempo tardaría en llenarse?

29. Juego de anillas

No debe sorprendernos que a los hermanos Terroba les vayan los juegos de manos, ya que en cualquier tugurio pueden hacer su agosto con unas cuantas apuestas. El juego de las anillas es unos de sus preferidos para abrir el apetito de sus víctimas, ya que en realidad se trata de una apuesta bastante honrada. Unos de los hermanos tira una moneda sobre la mesa y con la otra mano coloca cuatro anillas entrelazadas. A continuación desafía a sus víctimas: «¿Ves estas cuatro anillas? Sólo se puede extraer una del conjunto. Apuesto esta moneda a que no encuentras la anilla correcta».

Acepte el reto, tal vez se lleve la moneda de Terroba.

30. Sustracción, tres dígitos

Cada dígito ha sido reemplazado por una letra. Cada letra representa el mismo número allí donde aparece. Los dígitos son: 0, 4 y 8.

$$
\begin{array}{ccc}
  & A & C & A \\
- & C & C & C \\
\hline
  & C & B & C \\
\end{array}
$$

Determine el dígito al que representa cada letra.

31. Círculos

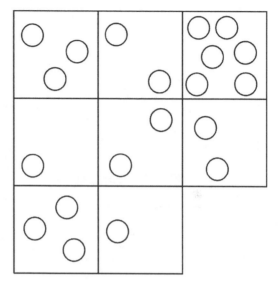

Elige, entre estas seis opciones, la baldosa que falta.

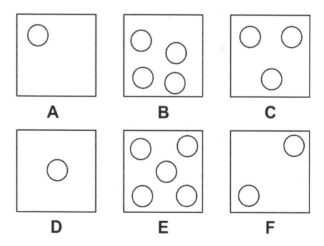

32. Secuencia 1

¿Qué vendría después en esta secuencia?
155, 210, 225, 240.

33. La rana obstinada

Buscando agua, una rana cayó en un pozo de 30 metros de profundidad. En su intento de salir, la rana obstinada conseguía subir tres metros cada día, pero por la noche resbalaba y bajaba dos metros.
¿Podría decir cuántos días tardó la rana en salir del pozo?

34. ¿Suicidio o asesinato?

En una habitación en la que no hay ningún mueble ni ningún objeto, aparecen un hombre ahorcado y un charco de agua exactamente bajo sus pies.
¿Cómo ha conseguido este hombre suicidarse?

35. Un dado defectuoso

Los talladores de dados también tienen sus días malos, de modo que puede ocurrir que un dado presente una distribución de puntos equivocada. Normalmente, los puntos de las caras opuestas suman siete, pero en la ilustración de este problema no se ha seguido esta regla. Resulta que el fabricante ha provisto dos caras con el mismo número de puntos. Esto puede ser un pequeño tesoro para un coleccionista de dados, pero para un jugador es una pieza inservible.
¿Qué número cree usted que está repetido?

36. Adición, cinco dígitos

Cada letra en este problema de adición representa al mismo dígito en todas sus ubicaciones. Los dígitos son 1, 2, 3, 4 y 5.

$$
\begin{array}{r}
A \quad A \quad E \\
+ \quad E \quad A \quad C \\
\hline
B \quad D \quad D
\end{array}
$$

Determine el número que cada letra representa.

37. Rastro

¿Puedes reseguir el dibujo sin levantar el lápiz del papel?
Las líneas se pueden cruzar, pero no pueden trazarse más de una vez.

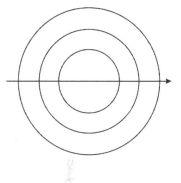

38. Campeonatos de fútbol

En la estructuración de los partidos de fútbol se habla de permutaciones, pero se trata en realidad de combinaciones, ya que ocho empates de puntuación no dependerían del orden de los equipos.
¿Cuántos grupos distintos de ocho equipos se pueden hacer de 52 partidos?

39. Triángulos

¿Cuántos triángulos puedes encontrar en esta figura?

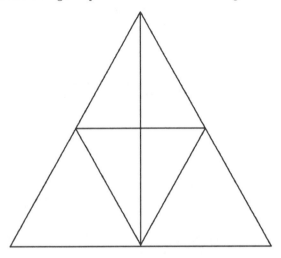

40. Adición, ocho dígitos

Cada letra ha sido sustituida por uno de los ocho dígitos disponibles. Los dígitos son: 0, 1, 2, 3, 4, 5, 6 y 7.

```
    C  D  A  F  C
 +  C  D  C  B  H
 ───────────────
    H  E  C  E  G  F
```

¿A qué dígito representa cada una de las letras?

41. La discordante 2

¿Cuál de estas opciones está en discordancia con las demás?

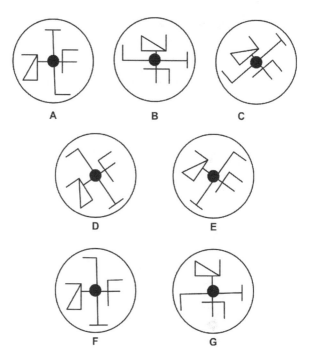

42. Avanzar y retroceder

Un hombre está paseando a su perro en dirección a su casa a una velocidad constante de 4 km/h. Cuando están a 10 kilómetros de su casa, el hombre suelta el perro y éste corre inmediatamente hacia su casa a 6 km/h. Cuando el perro llega a la casa vuelve a correr a la misma velocidad hacia el hombre. Cuando lo alcanza vuelve a dirigirse a la casa. Esto se repite hasta que el hombre llega a su casa y deja entrar al perro.

¿Cuántos kilómetros recorre el perro desde que lo suelta hasta que entra en la casa?

43. Sustracción, cuatro dígitos de nuevo

Cada letra sobre la línea representa un dígito que difiere en una unidad del número al que representa esa misma letra bajo la línea. Los dígitos son 0, 1, 2 y 3.

```
      B   B   A
  –   A   C   A
  ─────────────
      A   B   C
```

¿A qué dígito o dígitos representa cada letra?

44. La baldosa que falta

¿Qué opción, desde A hasta H, es la baldosa que falta en la página anterior?

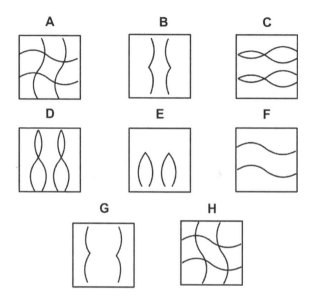

45. Calcetines en la oscuridad

Un hombre tiene 29 calcetines en un cajón, 9 de los cuales son azules, 8 grises y 12 negros.
Se han fundido los plomos y se encuentra completamente a oscuras. ¿Cuántos calcetines tiene que sacar para asegurarse de que tiene un par de cada color?

46. Cuatro barcas de pesca

Cuatro amigos cercanos, ávidos pescadores para más señas, además de ser propietarios de caballos, deciden bautizar sus barcas de pesca con los nombres de los caballos de sus amigos. No hay dos barcas que compartan el mismo nombre. A partir de los enunciados que se exponen a continuación, conteste:

¿cuál es el nombre de cada caballo (uno se llama *Spike*) y qué nombre recibió cada barca?

1. La barca de Jake recibió el nombre del caballo de Jay.
2. El caballo de Jeb se llama *King*.
3. La barca de pesca de Joe se llama *Ace*.
4. La barca de pesca de Jeb no se llama *Beau*.

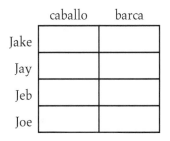

	caballo	barca
Jake		
Jay		
Jeb		
Joe		

47. Pilas

¿Cuál de estas opciones continuaría la secuencia de arriba?

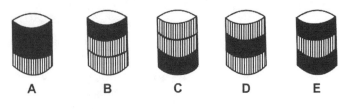

A B C D E

48. El número perdido 1

¿Qué número falta?

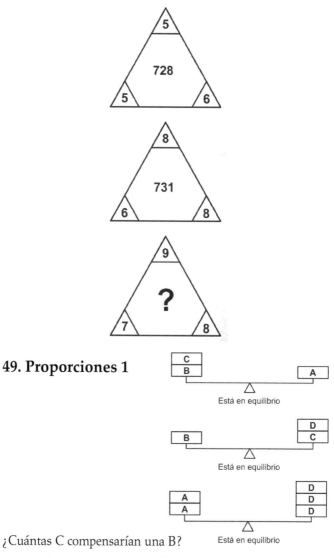

49. Proporciones 1

Está en equilibrio

Está en equilibrio

Está en equilibrio

¿Cuántas C compensarían una B?

50. Círculo 1

Divide este círculo en cuatro áreas iguales mediante tres líneas de igual longitud.

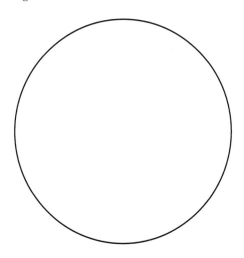

51. El discordante 3

¿Cuál de estos números está en discordancia con los demás?

4913
6859
5832
17576
19683

52. Secuencia 2

¿Cuál de estas opciones continuaría la secuencia de arriba?

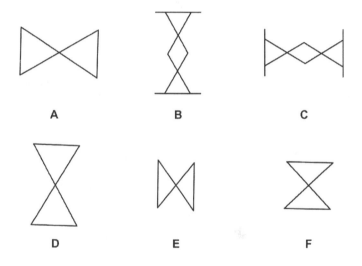

53. Restaurante

Tres hombres comieron en un restaurante. La cuenta fue de 250 euros.

Cada uno le dio al camarero 100 euros y el camarero les dio el cambio que era de 50 euros. Cada uno le dio 10 euros de propina al camarero.

Por lo tanto, la comida les salio por 90 euros a cada uno.

$3 \times 90 = 270$ euros + 20 euros de cambio = 290 euros.

¿Dónde estaban los 10 euros que faltan?

54. Baldosas

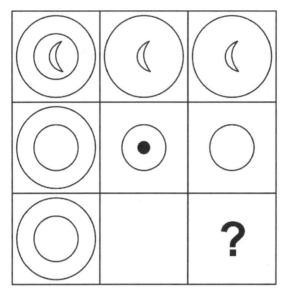

Elige entre estas seis alternativas la baldosa que falta.

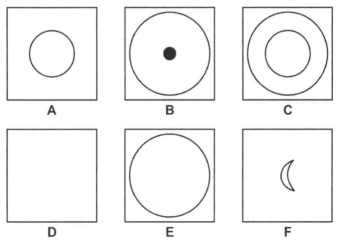

55. Depósito de agua

Si quisieras hacer un depósito de agua de metal y de base cuadrada sin tapa ¿qué proporciones debería tener para conseguir el máximo volumen de agua con la mínima cantidad de metal?

56. Secuencia de pentágonos

¿Cuál de estas opciones continuaría la secuencia de arriba?

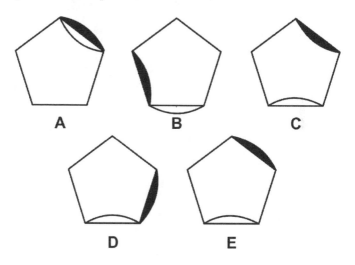

A   B   C

D   E

57. Líneas amarillas

Pedro y Chema fueron contratados por el ayuntamiento para pintar unas líneas amarillas en cada lado de una calle. Pedro llegó primero y pintó tres metros en el lado derecho. Entonces llegó Chema y le dijo que él debería estar pintando el lado izquierdo. Así pues, Pedro empezó a pintar el lado izquierdo y Chema continuó con el derecho. Cuando Chema terminó, cruzó la calle y pintó seis metros en el lado de Pedro, con lo que terminó el trabajo. Ambos lados tenían la misma longitud. ¿Quién pintó más trozo y por cuánto?

58. Cuadrados 2

Ocho cuadrados de papel, todos exactamente del mismo tamaño, se han puesto unos encima de otros, solapándose tal y como se muestra en el dibujo.
Determina en qué orden están colocados, desde la hoja de encima hasta la de más abajo.

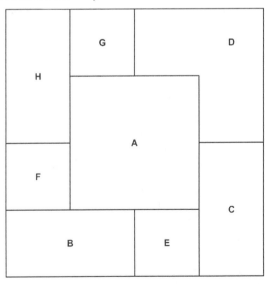

59. El número perdido 2

¿Cuál es el número que falta en esta cuadrícula?

9	1	9	5
3	6	2	3
3	4	4	?
1	8	9	9

60. Condiciones

Determina en cuál de las cinco casillas de abajo se puede poner un punto, de forma que los dos puntos estuvieran en las mismas condiciones que en la casilla de la derecha.

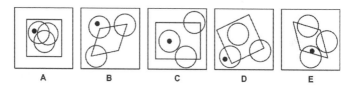

61. Quiosco

Entre las 9 y las 9:15 h, en un quiosco fueron vendidos dos ejemplares de una revista de golf y cinco ejemplares de un periódico por un total de 25 euros. Entre las 9:15 y las 9:30 h, fueron vendidos cinco ejemplares de la misma revista y dos ejemplares del mismo periódico, por un total de 31 euros.

¿Cuánto vale cada periódico y cada revista?

63. Símbolos 2

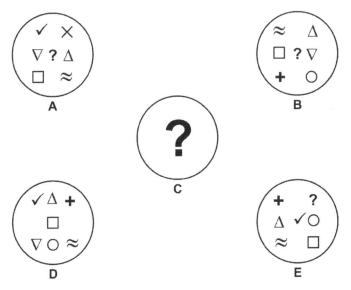

Cada línea y cada símbolo de los que aparecen en los cuatro círculos exteriores se traslada al círculo central de acuerdo con esta regla:

Si una línea o un símbolo aparece en los círculos exteriores:
  1 vez: se traslada.
  2 veces: puede que se traslade.
  3 veces: se traslada.
  4 veces: no se traslada.

¿Cuál de los círculos, desde A hasta E, debería aparecer en el centro del diagrama?

64. Esfinge

Corta la esfinge en cuatro partes de área y forma iguales.

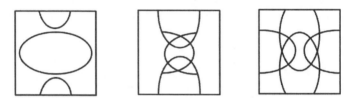

65. Secuencia 3

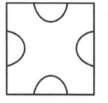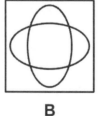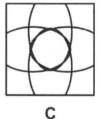

¿Cuál de estas opciones continuaría la secuencia de arriba?

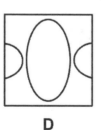

A

B

C

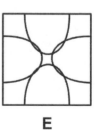

D

E

66. Sushimanía

Hoy día viajar es fácil; apenas subsiste otra dificultad sino la barrera de los idiomas. Así la señora Pilgrim, su hermana y una amiga se alimentaron exclusivamente de sushi durante las tres semanas de su viaje por Japón, ya que no conseguían memorizar los nombres de los demás platos. Una vez, después de una excursión por los montes Huangshan, las tres regresaron al hotel completamente agotadas y hambrientas. Gesticulando con manos y pies, le indicaron al posadero que les sirviera una gran bandeja de sushi y, mientras ellas subían a sus habitaciones para cambiarse, el anfitrión hizo servir el refrigerio solicitado.

La señora Pilgrim fue la primera en bajar al comedor y sin poder contenerse, devoró una tercera parte de los sushis. Luego regresó a su habitación, y dio la casualidad que entonces bajó su amiga y se comió exactamente la tercera parte de los sushis restantes. La tercera impaciente fue la hermana, quien bajó, y se comió el tercio exacto de los sushis que encontró en la bandeja.

Cuando por fin se pusieron las tres a la mesa, la bandeja se veía ya muy menoscabada y la señora Pilgrim comentó como queriendo disimular:

—¿A eso llaman aquí una bandeja grande de sushis? ¡Me parece que no hemos conseguido hacernos entender por el posadero! ¡Pero si ni siquiera tocamos a tres sushis cada una!

¿Sabría usted calcular cuántos sushis se comió cada una de aquellas damas?

67. Rompecabezas geométrico

Estas cuatro figuras están formadas por las mismas cinco piezas. ¿Podrías descomponer cada una de las figuras en estas cinco piezas?

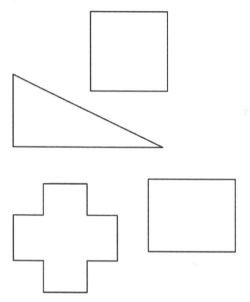

68. Extraterrestres

En la habitación de Mireia hay un cierto número de visitantes de otro planeta.

1. Hay más de un extraterrestre.
2. Cada extraterrestre tiene el mismo número de dedos.
3. Cada extraterrestre tiene por lo menos un dedo en cada una de sus manos.
4. En la habitación, el número total de dedos está entre 200 y 300.

5. Si supieras el número total de dedos de la habitación, sabrías cuántos extraterrestres hay.

¿Cuántos extraterrestres hay?

69. ¿Quién hizo trampas al póquer?

Cinco jugadores de póquer disfrutaban de la partida hasta que, en el transcurso de una mano, aparecieron cinco ases. Así las cosas, quedó claro que alguno estaba haciendo trampas. Seguidamente se relatan las afirmaciones de todos los jugadores. Cada uno de ellos realiza una afirmación verdadera y otra falsa. ¿Quién jugó sucio?

A. 1. Soy ciertamente inocente.
   2. No tengo idea de quién ha podido hacer trampas.

B. 1. C es inocente.
   2. Ni A ni D hicieron trampas.

C. 1. La primera afirmación de B es verdadera.
   2. B es el tramposo.

D. 1. Fue B.
   2. La segunda afirmación de B es verdadera.

E. 1. A fue uno de los jugadores ese día.
   2. La segunda afirmación de D es falsa

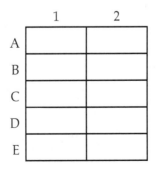

70. Rompecabezas de conexiones

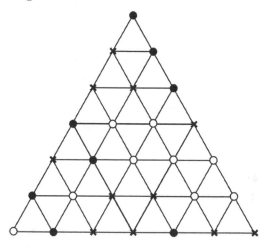

Coloque los 12 enlaces de conexión de abajo en la rejilla triangular de arriba, de forma que todos los símbolos de enlace (×, ○, ●) queden cubiertos.

Los enlaces de conexión no deben sufrir ninguna rotación.

Tenga en cuenta que no todas las líneas de conexión van a quedar cubiertas.

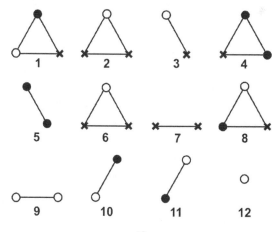

71. Cómo robar un granero

Pasó la temporada de la cosecha y el labrador Destripaterrones entró el grano en su almacén. Los hermanos Cornejo, entonces unos principiantes, se propusieron robarlo, pero al entrar en el almacén se tropezaron con una dificultad imprevista. En él hallaron cuatro montones cubiertos con lonas y no se sabía lo que contenían. Así que se pusieron a levantar las lonas. Uno de los montones era de arena, el otro de carbón y el tercero de grava. Al descubrir el cuarto montón vieron el grano. Pero habían perdido tanto tiempo e hicieron tanto ruido, que apareció Destripaterrones con la escopeta y los Cornejo tuvieron que poner pies en polvorosa.

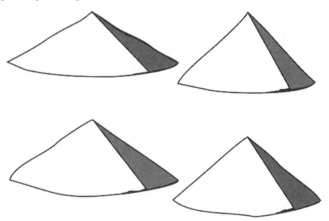

Si se hubiesen fijado en la distinta inclinación de cada montón habrían adivinado a la primera dónde estaba el grano. ¿Cuál diría usted que es el grano, cuál la arena, cuál el carbón y cuál la grava?

72. Tiro

Tres hombres, A, B y C, hicieron todos seis disparos y consiguieron 71 puntos cada uno.

En los dos primeros disparos, A consiguió 22 puntos. B consiguió 3 puntos en su primer disparo.

¿Quién hizo diana?

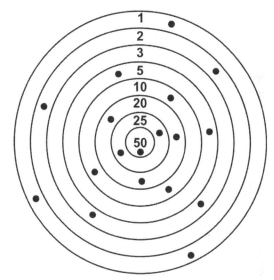

73. Los rodillos ruedan

Aquí se observan siete rodillos.

¿En qué dirección y con qué velocidad rueda el rodillo de la derecha si se gira el de la izquierda una vez sobre su propio eje en la dirección de la flecha?

Para Peter Henlein (1480-1542), que construyó el primer reloj de bolsillo conocido como el huevo de Nuremberg, esta pregunta no tendría misterio alguno. ¿Cómo lo ve usted?

74. Recorrido de números

Sitúe el resto de números de la lista en el recorrido, de forma que la suma de tres números cualesquiera que vengan seguidos sea divisible por 3.

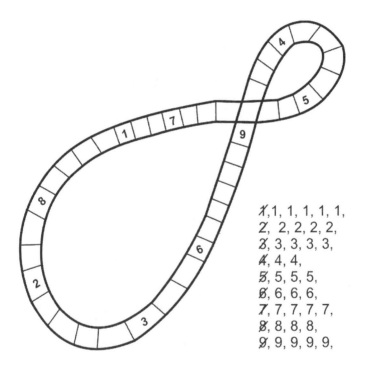

1̶,1, 1, 1, 1, 1,
2̶, 2, 2, 2, 2,
3̶, 3, 3, 3, 3,
4̶, 4, 4,
5̶, 5, 5, 5,
6̶, 6, 6, 6,
7̶, 7, 7, 7, 7,
8̶, 8, 8, 8,
9̶, 9, 9, 9, 9,

75. Adán y Eva

Se organiza una expedición arqueológica al monte Ararat, donce se supone que descansó el arca de Noé después del diluvio y, excavando excavando, el jefe de la expedición descubre los cadáveres de un hombre y una mujer desnudos y bien conservados puesto que estaban en la nieve.
En cuanto los ve, grita a sus compañeros:

—Mirad, son Adán y Eva.

¿Por qué supo que eran precisamente Adán y Eva?

76. Rutas

¿Cuántas rutas posibles hay desde el inicio al final?

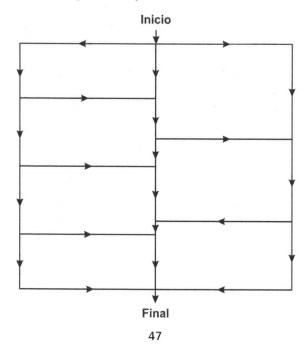

77. Números cúbicos

Cada línea horizontal y vertical contiene los dígitos de un distinto número cúbico de cinco cifras. En cada línea los cinco dígitos están siempre correctamente ordenados, pero no son necesariamente adyacentes. Todos los números de la cuadrícula se utilizan sólo una vez.

Encuentra los 20 números cúbicos.

7	4	2	1	9	8	3	7	1	5
7	6	4	9	7	5	9	0	7	2
4	3	5	7	9	2	3	8	9	7
1	4	6	0	3	7	6	5	4	8
6	0	8	5	9	2	3	1	6	9
0	1	6	5	6	0	2	1	5	7
5	0	4	8	3	7	0	2	8	9
1	2	5	7	1	0	6	8	7	1
8	2	4	6	6	3	4	8	3	9
8	0	6	1	3	0	8	4	2	4

78. ¿Quién de los tres es inocente?

En el seno de la familia Williamson se han cometido dos delitos. Los culpables son dos de los tres hijos varones de la familia. No obstante, los tres confiesan su fechoría. Quizá el tercer muchacho no quiso ser distinto.

Sea como fuere, los dos culpables dicen la verdad al admitir su culpabilidad, mientras que el tercer muchacho miente al confesar su implicación en el delito. Cada muchacho hace una afirmación verdadera y dos falsas. ¿Qué muchacho es inocente?

Junior
1. La primera afirmación de Timmy es falsa.
2. La primera afirmación de Sonny es verdadera.
3. Cogí algún dinero del tocador.

Sonny
1. Hoy hice novillos en la escuela.
2. La primera afirmación de Timmy es falsa.
3. La tercera afirmación de Junior es falsa.

Timmy
1. Yo pateé al perro.
2. La primera afirmación de Sonny es verdadera.
3. La tercera afirmación de Junior es falsa.

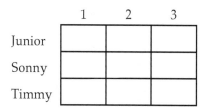

	1	2	3
Junior			
Sonny			
Timmy			

79. Gatos y canarios

En una tienda de animales sólo vendían gatos y canarios. En total habían 72 gatos y canarios a la vista, todos en perfectas condiciones. Si en total habían 200 patas, ¿cuántos de ellos eran canarios?

80. Una de cerillas

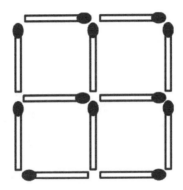

En el dibujo se observa un cuadrado de cerillas que está dividido en cuatro cuadrados más pequeños. Si mueve cuatro cerillas, podrá hacer desaparecer uno de los cuatro cuadrados pequeños y a cambio obtendrá tres pequeños cuadrados más separados. ¿Cuáles ha de mover?

81. Enigma meteorológico

Pedro sale todos los días a pasear. Si hace buen tiempo, al volver a su casa sube con el ascensor hasta el 2.º piso y luego continúa a pie hasta el 9.º piso, que es donde vive. Sin embargo, cuando llueve, sube en el ascensor directamente hasta el 9.º piso.

¿Encuentra usted alguna explicación a este comportamiento?

82. Dados compuestos

Si juntamos ocho dados corrientes obtenemos un superdado, y si se hace el montaje de manera que coincidan las mismas caras en cada supercara, este dado compuesto tendrá las mismas propiedades para el juego que un dado normal: dos caras opuestas cualesquiera del superdado suman siempre 28 puntos.

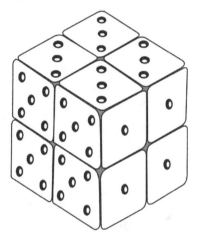

¿Cómo deberían disponerse los componentes del superdado para que los puntos de dos supercaras opuestas sumen 16?

83. El número perdido 3

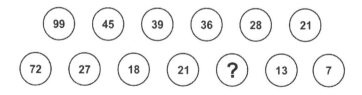

Escribe el número que falta. No es un error: ¡el último número es un 7, no un 8!

84. Cuadrado de sexto orden

				5	30
15	10				
20					
25					
					35

Coloca los números que faltan del 1 al 36 en la rejilla, de forma que cada línea horizontal, vertical y diagonal de esquina a esquina sume 111.

85. División estelar

Della Mirandola ha recuperado su estrella de la buena suerte y al sacarle brillo constata que la figura de la estrella se seis puntas incluye ocho triángulos equiláteros: los dos ma-

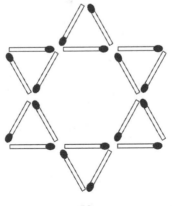

yores superpuestos el uno derecho y el otro invertido y los seis pequeños que forman las puntas, cosa que va en contra de la numerología, por lo que se pone a cavilar cómo podría reducirlos a seis triángulos. Para ello, ha formado la figura en la práctica con cerillas y descubre que basta desplazar dos cerillas para dejar la estrella reducida a seis triángulos.

86. Una coartada casi perfecta

Los cuatro hermanos Garrucha han tenido una noche fatigosa en los sótanos del banco, reventando y vaciando todas las cajas privadas, bañados en el sudor de sus frentes. Al amanecer, cansados y satisfechos, se han derrumbado en sus camas para descansar. Pero apenas habían logrado conciliar el sueño, se presentó Tenazón para ponerles las esposas y llevárselos a la comisaría.

Esta vez, sin embargo, el comisario no está muy seguro de haber acertado. Los perillanes responden al interrogatorio con gran aplomo y seguridad, y parecen tener coartadas a prueba de bomba. Juran y perjuran que han pasado toda la noche jugando al *gin rummy* en la taberna del Candelas, y el tabernero incluso corrobora la coartada.

El comisario Tenazón los interroga de uno en uno y les pregunta quién ganó y quién perdió en el juego, a ver si consigue pillarlos en contradicción. Pero tampoco en esto se contradicen los hermanos, que recuerdan con exactitud cuántos puntos ganó cada uno. El comisario ve que va a tener que soltarlos, hasta que se le ocurre una idea. De nuevo los interroga por separado, y también al tabernero, para formularles por separado una sola pregunta, la misma para todos. Después de lo cual quedan bajo llave tanto los cuatro hermano Garrucha, como el tabernero mentiroso.

¿Qué pregunta les hizo el comisario a los consumados ladrones?

87. Una premisa desconcertante

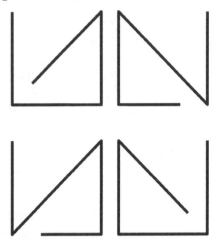

Para desorientar al ser humano no siempre hace falta un laberinto. A menudo basta con unos problemas aparentemente sencillos para despistar nuestro sentido de la vista. Del mismo modo, las cuatro figuras que aquí se muestran parecen a primera vista extraordinariamente sencillas.

Pasando la página e intentando dibujar las cuatro figuras de memoria, rápidamente comprobará que éste no es el caso. Si efectivamente lo logra a la primera, entonces es que dispone usted de una capacidad de imaginación espacial admirable. Le felicito.

88. Torneo de paleta en Knowhey

Knowhey es un planeta ubicado en otra galaxia cuyos habitantes tienen un pasatiempo favorito, un deporte que juegan dos o cuatro jugadores y que consiste en golpear una pelota de plumas de un lado a otro de la cancha sobre una red y con la ayuda de unas paletas. Los habitantes de Knowhey son muy aficionados a este juego y disfrutan compitiendo con los visitantes que proceden de otros planetas. Así las cosas, se ha organizado un torneo en el que concurren cuatro equipos, cada uno de los cuales está compuesto por un lugareño y un forastero. Dado que los nombres de los habitantes de Knowhey son de difícil pronunciación, y a fin de facilitar las cosas, cada lugareño ha adoptado el nombre de uno de los visitantes, aunque ningún lugareño es tocayo del visitante con el que está emparejado y no hay dos equipos que contengan el mismo par de nombres.

Teniendo en cuenta los enunciados que se exponen, determine qué visitante está emparejado con cada uno de los oriundos de Knowhey.

1. El visitante Larry está emparejado con el lugareño tocayo del visitante emparejado con el lugareño que responde al nombre de Lenny.

2. El visitante Lenny está emparejado con el lugareño tocayo del visitante que forma equipo con el lugareño Larry.

3. El visitante Logan está emparejado con el lugareño que es tocayo del visitante que está emparejado con el lugareño Lewis.

4. El lugareño Lenny y su compañero de equipo ganaron su partido contra el visitante Logan y su compañero.

Los habitantes de Knowhey

		Larry	Lenny	Logan	Lewis
Los visitantes	Larry				
	Lenny				
	Logan				
	Lewis				

89. La estrella más grande

¿Cuál es la estrella más grande que se podría dibujar de forma que?:

I. Tenga las mismas proporciones que las otras estrellas.
II. No toque ninguna de las otras estrellas ni tape el marco.

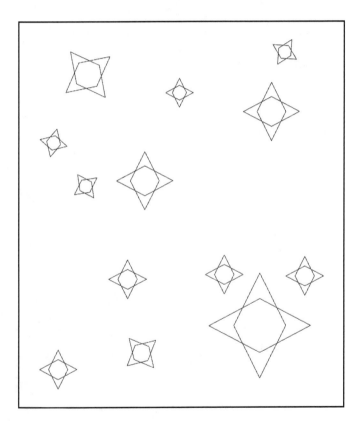

90. Palíndromo

En la fecha del día 21 de noviembre de 1921, los números son palíndromos: 21-11-12.
¿Cuáles son las dos fechas palíndromas más cercanas entre sí del siglo XX?

91. Hexágonos

¿Cuál de estos hexágonos continuaría la secuencia de arriba?

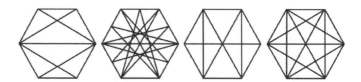

92. Excursión familiar

Martínez ha invitado a su familia a un fin de semana en la montaña. Com la familia viajan otras tres, los Ricote, los González y los Buitrago; todas las familias constan de la pareja y una criatura. Todos ellos corretean la mar de contentos por la naturaleza, hasta que se hace de noche y acuden al refugio. Pero entonces se presenta la primera incidencia de la jornada. El administrador del refugio dice que sólo dispone de 16 camas en un dormitorio colectivo. En el refugio estalla una agitada discusión, porque ninguno de los matrimonios quiere pasar la noche separado. Pero los hombres roncan, así que ninguno quiere dormir teniendo a otro por vecino. En cuanto a las mujeres, como todavía no se tienen mucha confianza tampoco quieren dormir teniendo a otra por vecina. En cuanto a juntar a los niños en camas contiguas; ¡ni hablar!, porque entonces alborotarán y los mayores no podrán conciliar el sueño.

Finalmente y para no quebrar la armonía, la señora Buitrago decide que cada familia dormirá en una fila de camas, pero que no se acostarán más de tres personas en cada fila o columna. Hasta que el encargado hace valer su autoridad y experiencia, les indica a cada uno dónde han de dormir y todos pasan una noche tranquila. ¿Cómo resolvió el encargado este problema?

93. El lenguaje de las cerillas

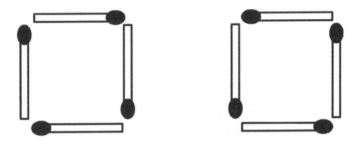

Pepe está sentado a la mesa moviendo cuatro cerillas de un lado para otro. Alfredo se queda un rato observándolo y por fin pregunta con hastío:

—Dime una cosa, Pepe. ¿A qué te dedicas? ¿Por qué no haces más que dibujar cuadrados con esas cerillas?

A lo que Pepe gruñe de mala gana:

—¡No me molestes, hombre! Estoy inventando un alfabeto secreto de cuadrados hechos con cerillas. Las distintas posiciones de las cabezas de los fósforos en el cuadrado corresponderán a letras diferentes.

Alfredo menea la cabeza y responde:

—No es mala idea, pero te aconsejo que inventes otra cosa porque no tienes suficientes combinaciones de cuadrados para todas las letras del alfabeto.

¿Tiene razón Alfredo, o se equivoca? ¿Cuántos cuadrados diferentes se pueden montar con cuatro cerillas? La figura muestra dos posibilidades.

94. Secuencia numérica

Si:
$$2+3 = 10$$
$$6+5 = 66$$
$$8+4 = 96$$
$$7+2 = 63$$

Cuánto es:
$$9+7 = ???$$

95. Pleito difícil

El sofista Protágoras, se encargó de enseñar a un joven todos los recursos del arte de la abogacía. El maestro y el alumno hicieron un contrato según el cuál el segundo se comprometía a pagar al primero la retribución correspondiente en cuanto se revelaran por primera vez sus éxitos, es decir, inmediatamente después de ganar su primer pleito.

El joven cursó sus estudios completos. Protágoras esperaba que le pagase, pero su alumno no se apresuraba a tomar parte en juicio alguno. ¿Qué hacer? El maestro, para conseguir cobrar la deuda, lo llevó ante el tribunal. Protágoras razonaba así: si gano el pleito, me tendrá que pagar de acuerdo con la sentencia del tribunal; si lo pierdo y, por consiguiente lo gana él, también me tendrá que pagar, ya que, según el contrato, el joven tiene la obligación de pagarme en cuanto gane el primer pleito.

El alumno consideraba, en cambio, que el pleito entablado por Protágoras era absurdo. Por lo visto, el joven había aprendido algo de su maestro y pensaba así: si me condenan a pagar, de acuerdo con el contrato no debo hacerlo, puesto que habré perdido el primer pleito, y si el fallo es favorable al demandante, tampoco estaré obligado a abonarle nada, basándome en la sentencia del tribunal.

Llegó el día del juicio. El tribunal se encontró en un verdadero aprieto. Sin embargo, después de mucho pensarlo halló una salida y dictó un fallo que, sin contravenir las condiciones del contrato entre el maestro y el alumno, le daba al primero la posibilidad de recibir la retribución estipulada.

¿Cuál fue la sentencia del tribunal?

96. Tres relojes

En una casa hay tres relojes funcionando. El día 1.º de enero todos ellos indicaban la hora correctamente. Pero sólo estaba funcionando bien el reloj del dormitorio; el de la cocina se atrasaba un minuto al día, y el del living se adelantaba un minuto al día. Si los relojes continúan marchando así; ¿al cabo de cuánto tiempo volverán los tres a marcar la hora exacta?

97. El error en el planteamiento de un enigma

El héroe tiene que salvar a su amada de manos de los duendes malignos, y para ello sabe que debe entrar al castillo maldito. Pero cuando llega a la entrada del castillo ve que hay dos puertas cerradas, y en cada puerta una cabeza parlante. Después de saludar al héroe, las cabezas le dicen que una de las puertas conduce a su amada y la otra a una muerte segura. También le dicen que una de ellas siempre dice la verdad y la otra cabeza siempre miente. Y que si quiere que le digan cuál es la puerta correcta deberá hacerles una única pregunta a cada una, y con la respuesta saber cuál puerta es la correcta.

Este planteamiento contiene un error que por descuido nadie ha notado aún. ¿Puedes descubrirlo?

98. Una esquina sobre la otra

El rompecabezas que presentamos a continuación demuestra que un folio no es más que una rápida transición hacia la tercera dimensión. Aun así, se trata de un problema que resulta más fácil de enunciar que de resolver.

Tome un folio rectangular, no importa su tamaño, y marque en el anverso la esquina inferior izquierda. A continuación debe darle la vuelta al folio y marcar ahora la esquina superior izquierda. De este modo, obtendrá dos esquinas diagonalmente contrapuestas, una en el anverso y otra en el reverso.

Su tarea consiste en plegar el folio cuatro veces de tal manera que las dos esquinas marcadas se toquen directa y congruentemente (véase el esquema). Cabe decir que para ello sólo podrá doblar el folio de manera horizontal y vertical. Los pliegues oblicuos no están permitidos.

99. El número perdido

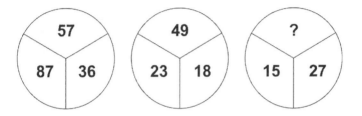

¿Qué número falta en el tercer círculo?

100. Semáforo roto

Un semáforo, suspendido sobre el cruce de dos calles, estaba sostenido por una barra horizontal rígida. Un rayo, en una tormenta eléctrica, pegó en la barra y la rompió. El semáforo quedó colgando de los cables, pero todavía funcionaba. Seguía enfocado en la dirección correcta aunque las luces quedaron invertidas, la luz verde arriba y la roja debajo. En la misma dirección no había ningún otro semáforo. Todos los demás semáforos estaban bien y funcionando perfectamente. Un conductor daltónico se acercó al cruce con un flujo de tráfico normal, pero, sorprendentemente se detuvo. ¿Por qué no hubo un accidente?

101. La bolsa tirada

El inspector Malanga se encontraba en la casa del señor Peralta, que explicaba cómo lo habían secuestrado los ladrones cuando llegó a abrir el banco donde era subgerente.

—Me obligaron a abrir la caja fuerte y les di el dinero. Después me hicieron conducir hasta mi casa desde el banco. Pensaban robar en mi casa también —explicó el señor Peralta.
—Cuénteme cómo pudo escapar, señor Peralta —dijo el inspector Malanga.
—Estábamos yendo hacia mi casa desde el banco. Uno de los secuestradores había metido el dinero que había sacado en una bolsa de la caja de caudales del banco, en una bolsa de papel. Después tiró la bolsa del banco por la ventana. Dos manzanas más adelante nos detuvimos en un semáforo. El hombre estaba contando el dinero y aproveché la oportunidad. Abrí la puerta, salté fuera del coche, y corrí. Corrí hasta la casa más cercana, y me dejaron entrar. Por suerte, los secuestradores no me siguieron. Se alejaron en el coche.
—Recorramos de nuevo la ruta al banco y veamos si podemos encontrar alguna clave —dijo el inspector.
Dejaron la casa en el coche del inspector, de repente, Peralta gritó:
—¡Ahí está! ¡La bolsa de dinero vacía!
Se detuvieron, recogieron la bolsa del banco vacía y siguieron hacia el banco. En unos minutos llegaron a un semáforo.
—Aquí es donde escapé —dijo Peralta.
—Pues, no le creo absolutamente nada —dijo el inspector.

¿Cuál es el problema?

102. Cuadrado mágico

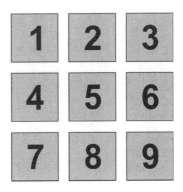

¿Por qué suman 15 las filas y las columnas y las diagonales del cuadrado mágico de 3 × 3 con las cifras del 1 al 9?

Coloca cada una de las nueve cifras en sus respectivas posiciones para que sumen lo mismo filas, columnas y diagonales.

103. Acomodando parejas

Ubica en los casilleros libres los pares de letras, de manera que se formen palabras de seis letras tanto en forma horizontal como vertical.

	VA				PI	
CT		ME		TA		RR
	TE				LS	

Pares de letras

AR - AS - DA - ES - FA - GA -NE - RO - SE

104. La campana y el círculo

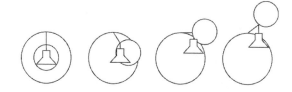

¿Cuál de estas opciones continuará la secuencia de arriba?

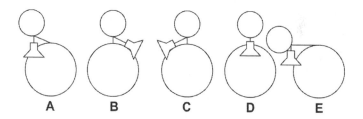

105. Asesinato de la actriz

Habían matado a una actriz de reparto en su camarín. Fue en el mismo momento en que se representaba la obra. Su papel era pequeño, tenía dos intervenciones breves en el cuarto acto. Era joven, hermosa y estaba destinada a ser una gran estrella en poco tiempo.

—La mataron de un balazo a quemarropa —dijo el ayudante del inspector Malanga. Y agregó: —no me explico cómo nadie escuchó nada.

—¿Quién fue el primero que vio el cuerpo? —preguntó el inspector Malanga, parado en el escenario en donde los hizo reunir a todos.

—Yo, inspector —dijo una mujer mayor en voz muy baja, pero firme.

—Yo también —dijo un joven de aspecto algo desarreglado.

—Bueno, pero —se sorprendió Malanga, —¿quién fue el primero?

—Los dos al mismo tiempo, señor —dijo el joven.

—Yo volvía del escenario —aclaró la señora.

—¿Había terminado el acto? —preguntó el ayudante.

—No, yo hacía mutis en ese momento. Según la obra hay un tiroteo entre dos facciones rivales. Yo huyo del lugar haciendo mutis.

—Ah, claro —exclamó Malanga—. El tiroteo de escena tapó el disparo que asesinó a la chica.

—Puede ser, inspector —asintió la señora—. Nosotros no nos dimos cuenta porque estamos habituados. Además, ese segundo acto que le digo es muy violento. Hay muchísimos disparos.

—Continúe —pidió Malanga.

—Cuando salgo de escena me encuentro con Silvestre que estaba golpeando la puerta del camarín de Clarita.

—Silvestre soy yo —volvió a hablar el joven desarreglado.

La señora continuó su relato.

—Silvestre me dijo: «Parece que Clara estuviera sorda». Yo también golpeé, pero tampoco contestó.

—¿Por qué la llamaba, Silvestre? —le preguntó Malanga al joven.

—Bueno, soy actor de reparto, pero también mi tarea es la de llamar a escena. De mi depende que hagan una entrada justa.

—Ah, bien —dijo el inspector—, la estabas llamando a escena.

—Sí, —repitió el joven—, la llamaba a escena.

—¿Qué pasó luego? —preguntó el ayudante del inspector.

—Al ver que no contestaba —prosiguió la señora con un repentino sollozo—, entramos y vimos a Clarita. Muerta. Fue horrible.

—¿Usted es la primera actriz, no? —señaló Malanga.

—Sí —respondió la señora. Y agregó: ¿Por qué me lo pregunta?

—Porque pienso que Clara, joven y hermosa, podría ser una futura rival suya en el cartel y la compañía —argumentó Malanga.

—Clarita nunca podría ser mi rival, señor —dijo firme. —Era mi hija.

—Perdóneme, señora —se disculpó el inspector, turbadísimo. Y agregó: como no conocía ese parentesco pensé que usted era cómplice de Silvestre en la muerte de Clara.

—¡Qué dice! —se sorprendió Silvestre.

—¿Por qué la mató? —dijo Malanga sin darle tiempo a pensar.

—Usted ha mentido una vez y ésa es la primera evidencia de su culpabilidad. Procuraré que me diga el resto.

Silvestre bajó la cabeza. Malanga insistió con la pregunta.

—Yo... yo la quería —comenzó a confesarse Silvestre, derrumbado por la tenaz insistencia del inspector. —Pero sabía que nunca iba a ser mía. No soy nadie, Clara lo tenía todo. Sólo quise retenerla, yo no... —y rompió en llanto.

—La salida de escena de la señora lo complicó todo, ¿no? —dijo el ayudante del inspector, que ya había entendido el razonamiento de Malanga. Silvestre asintió callado.

Media hora después sólo quedaban el ayudante y el inspector en el teatro.

—Es raro —dijo el ayudante. —Siendo Silvestre un actor debió haber usado más la imaginación. El caso fue fácil, ¿verdad?

¿Por qué supo Malanga que Silvestre mentía?

106. Cesta de huevos

A Miranda se le cayó al suelo una cesta con huevos, se rompieron todos, pero alguien quería saber cuántos huevos había en la cesta.

—¿Cuántos huevos llevabas? —le preguntaron.

—No lo recuerdo, pero al contarlos en grupos de 2, 3, 4 y 5, sobraban 1, 2, 3 y 4 respectivamente.

¿Puedes deducir cuántos huevos llevaba?

107. Caminos que se encuentran

Mientras curioseaba un antiguo manual de jardinería, al señor Laurel se le cayó de entre las páginas un papel con este curioso dibujo. Le pareció que era un plano, o por lo menos el fragmento de un plano representando un parque construido en forma de laberinto. Ante la imposibilidad de reconstruir el laberinto, sin embargo, se le ocurrió un problema diferente con que sorprender a su amigo el señor Rosales.

—Mira, Rosales. En este antiguo plano figura dibujado un camino. Además de este camino existe otro que cruza doce veces el que está aquí dibujado, sin pasar dos veces por un mismo recuadro ni coincidir en paralelo con el camino anterior. Cuando ese camino invisible pasa por un recuadro contiguo al camino existente, nunca lo cruza en la misma dirección que el camino visible dibujó el suyo.

—¿Doce intersecciones y ninguna trayectoria contigua paralela? —se rascó la cabeza Rosales.

¿Querría usted ayudarle a resolver este problema?

108. Una de trileros

Manolarga no sólo tiene habilidad con las cartas sino también gran poder de persuasión, gracias a lo cual consigue que el tacaño de Buitrago acepte una partida a los triles. Manolarga toma tres naipes y los mueve can tal rapidez, descubriendo ya éste, ya el otro, de forma que la vista del viejo avaro apenas logra seguir los movimeintos. Empieza a temer por su apuesta cuando Manolarga alinea las tres cartas sobre la mesa, cuyas posiciones hay que adivinar.

Buitrago sufre, tiene la frente bañada en sudor. Va a perder su querido dinero porque no tiene ni la menor idea de cuál es cuál. Pero también es astuto y así persuade a Manolarga de que le proporcione una pista. Y una vez escuchada, consigue adivinar las tres figuras.

La adivinanza que le propuso Manolarga fue ésta:

Una o dos damas están a la derecha de un rey.
Una o dos damas están a la izquierda de una dama.

Un naipe o dos, de tréboles, están a la izquierda de uno de corazones.

A la derecha de uno de corazones hay uno o dos de tréboles.

¿Usted también habría sabido defender el envite?

109. Solitario

Habrá resuelto este solitario si al final la máscara se encuentra sola en el centro del tablero. En cada tirada, tanto las fichas como la máscara, pueden saltar sobre otra ficha vertical, horizontal y diagonalmente, situándose, tras el salto, en línea con la pieza saltada y su anterior posición. Las fichas sobre las cuales ha saltado se retiran del tablero.

110. Dos buscavidas estafadores

Dos buscavidas planeaban una estafa. Intentaban convencer a personas mayores de que podrían duplicar fácilmente su dinero si les proporcionaban sus cheques de la Seguridad Social.
Cinco sospechosos han sido identificados. Cada uno de ellos hizo una declaración. Los dos culpables formulan declaraciones falsas. Los tres restantes declaran la verdad.

¿Quiénes son los dos culpables?

A. E es uno de los culpables.
B. C no es culpable.
C. D es inocente.
D. Si B no es culpable, entonces A es culpable.
E. C es culpable.

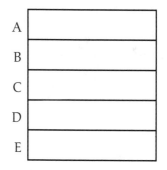

A

B

C

D

E

111. Descifrado fácil

Cada número inicial es la pista principal para descifrar las palabras escondidas, de las que se dan sólo las iniciales en minúscula, por ejemplo: «5 d en c m», sería «5 dedos en cada mano».

Descifra las siguientes frases:

- 18 h en un c de g
- 7 p c
- 12 s del z
- 7 e de b
- 6 c de la g
- 4 j del a
- 4 e del a
- 27 l del a
- 12 m del a
- 9 p en el s s
- 1 s n de la t

112. Asesinato estúpido

Un delincuente asesina a un sujeto en un suburbio. Al hacerlo y comenzar a huir observa una silueta en una ventana desde la que se ve la escena del homicidio. Rápidamente y con mucho sigilo va a la casa de la ventana indiscreta y mata a la persona que proyectó la silueta. La nueva víctima se desploma contra una estantería de la cual cae un libro, el asesino toma el libro abierto y se da cuenta que ha cometido una gran estupidez.

¿Cuál es esa estupidez?

113. Diagonales en un cubo

Hay dos diagonales trazadas en dos de las caras . ¿Puedes encontrar el ángulo que forman?

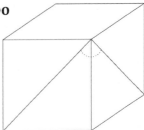

114. Cuadrícula

En el barrio del Ensanche de Barcelona las calles están dispuestas en forma de cuadrícula. En la nueva ciudad de «Cuadrícula» copiaron este sistema.

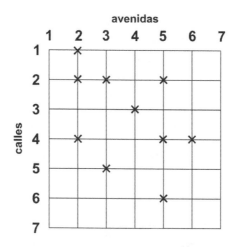

Once amigos que vivían en pisos situados en esquinas quedaron para almorzar juntos. ¿En qué esquina deberían encontrarse para que la distancia total que tuvieran que andar fuera la mínima?

115. Lazos familiares

Todo humano tiene dos parejas de abuelos. De esta regla no se exceptúa a nadie, ni siquiera Homero y Crescencia von Hochgemut, que cuando eran niños se sentaron en las rodillas de los mismos abuelos..., pero no eran hermano y hermana, pues de lo contrario, ¿cómo habría sido posible leerles las amonestaciones? y como tampoco la autoridad civil tuvo nada que objetar, los von Hochgemut celebraron una boda principesca según correspondía a su rango y prosapia. Al cabo de un año, no obstante, el empleado del registro no tuvo más remedio que fruncir un poco el ceño cuando llegó la hora de inscribir al primogénito de la feliz pareja y continuador del apellido, el príncipe Hermes. Resultaba que el infeliz pequeño, además de tener sólo dos pares de bisabuelos en vez de los cuatro que corresponden a todo individuo de a pie, a los abuelos los tenía convertidos en tías abuelas y tíos abuelos. En cuyo momento el individuo de a pie se pregunta si realmente los dictados de la sangre azul obligan a tanto.

¿Sabría usted desenredar las ramas de este insólito árbol genealógico?

116. A saltos por el campo

Pensativo, como en otras ocasiones, no consigue librarse de Listillo. Apenas Pensativo se ha refugiado en un rincón para distraerse con un problema de ajedrez, aparece de nuevo Listillo; pero en esta ocasión Pensativo ha tomado sus medidas, y coloca 12 fichas blancas de un juego de damas y 12 fichas negras sobre un tablero de cinco por cinco (véase la figura de la derecha) y le dice:

—Mira, Listillo. Ésta es la posición inicial. Y ahora, la del problema.

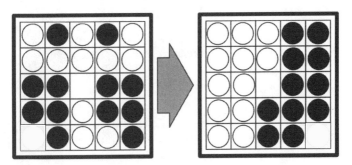

Entonces mueve las fichas hasta que le sale la posición de la figura izquierda.

—Las fichas se mueven como el caballo del ajedrez. Trata de retornar a la posición inicial con sólo 22 movimientos.

Con esto Pensativo consiguió que Listillo le dejase en paz durante más de una hora. Tal vez usted lo conseguirá en menos tiempo. Si todavía no tiene claro cómo salta el caballo del ajedrez, consulte cualquier manual de ajedrez.

117. El jardín del rey de la lotería

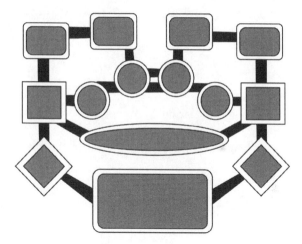

Algunos maestros de la lotería tienden a despilfarrar su dinero. Lo mismo hizo John Fortuna cuando se construyó un palacio espléndido muy en la línea del Rey Sol, con grandiosas dependencias que adornaban su jardín e invitaban a quedarse. Como todos sabemos, el aburrimiento es el principal enemigo de este ocioso rey de la lotería, y por ello dispuso los caminos entre su palacio principal y los palacetes del jardín de modo que pudiera visitar todos los edificios sin tener que pasar dos veces por el mismo camino.

118. ¿Quién asesinó a Eddie «manos veloces»?

Eddie «manos veloces» ha sido, como dicen algunos, eliminado. La policía ha identificado a tres testigos del hecho. Todos ellos afirman saber quién fue su asesino. Con todo, no parecen estar de acuerdo a la hora de determinar la identidad del culpable. Cada uno acusa a una persona distinta, siendo todas ellas conocidos delincuentes con una marcada tendencia hacia los crímenes violentos.

Cada testigo hace tres afirmaciones, que se citan a continuación. No obstante, dos de los testigos faltan a la verdad en todas sus afirmaciones. La veracidad de las palabras del tercer testigo es desconocida. ¿Quién cometió el crimen?

A. 1. Fue Rocky. Yo lo vi.
   2. Harry no lo hizo.
   3. Phil no haría daño a una mosca.

B. 1. La segunda afirmación de A es falsa.
   2. Harry «la masa» lo hizo.
   3. Al igual que yo, Rocky es un ciudadano ejemplar.

C. 1. Phil «el forzador» es el culpable.
   2. Las afirmaciones de B son todas verdaderas.
   3. Estoy de acuerdo con la segunda afirmación de A.

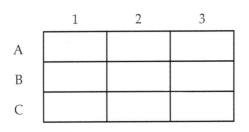

119. La discordante 4

¿Cuál de estas opciones es la discordante?

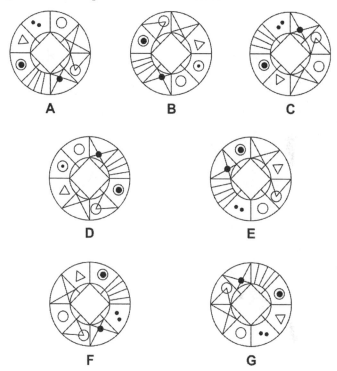

120. Proporciones 2

¿Cuánto peso debería haber en B para que estuviera en equilibrio?

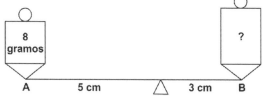

121. Analogía

 es a

como es a

 A

 B

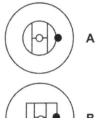 C

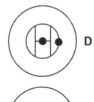 D

 E

122. Garaje hollywoodiense

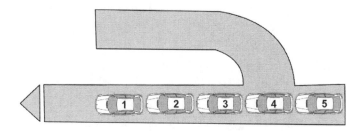

Mendrugo quiere entrar en la industria del cine, y qué recurso mejor sino buscarse un empleo que le permita codearse con las estrellas. Así que se hace aparcacoches en Hollywood, donde los famosos le dan las llaves de sus coches para que los aparque. Pero como Mendrugo es así, se ha creado dificultades desde el primer día.

Se celebra un desfile de coches Buick de época y Mendrugo queda encargado de aparcarlos durante el banquete en el local del «Buick-Star-Club». Él va llevándolos al garaje, y después del almuerzo se los reclaman. Al amo del garaje se le erizan los pelos de espanto cuando ve que Mendrugo quiere poner en marcha el primero de los automóviles. Los socios del Buick-Star mantienen un protocolo estricto «primero que entra, primero que sale». Es obligado sacar los coches del garaje siguiendo el orden 5, 4, 3, 2, 1. Por tanto, se le encarga a Mendrugo que los reordene. Para el amo del garaje sería fácil cambiar el orden de los coches con sólo tres maniobras; en cuanto a Mendrugo, no es seguro que vaya a conseguirlo.

¿Querría usted ayudarle? En el plano figura la situación con que nos encontramos inicialmente. En el túnel sin salida caben sólo cuatro Buick y en el tramo de salida del garaje cabría exactamente uno más.

123. Círculos expandidos

Gran preocupación invade al rico Gilito cuando se entera de que los hermanos Cornejo consiguieron reventar una caja fuerte de nueve cerraduras idéntica a la suya. Por lo que se pone a discurrir con gran concentración nuevas medidas de seguridad.

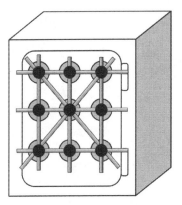

—¿Y si asegurásemos las cerraduras atrancándolas con unas barras de acero? Se me ha ocurrido, por ejemplo, una manera de pasar las barras de manera que cada cerradura quede atrancada dos veces por lo menos?

Dicho y hecho, en la figura puede verse el proyecto que dibujó Gilito.

Sapiencias lo vio y, como siempre, quiso demostrar que él lo mejoraba.

—Las nueve cerraduras pueden disponerse de tal manera que con diez barras, cada una de ellas quede atrancada tres veces.

Por supuesto Gilito quiso saber cómo se conseguía, pero pareciéndole demasiado elevada la cifra que pedía Sapiencias, no se pusieron de acuerdo.

¿Qué aspecto tendría el proyecto de Sapiencias?

124. 8 líneas sobre 25

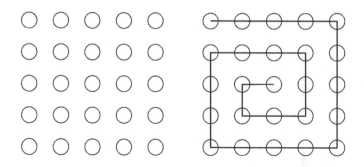

Como puede verse en la ilustración de la derecha, es muy fácil unir 25 círculos agrupados en un cuadrado mediante un solo trazo de nueve segmentos. Sin embargo, sí hace falta cierta habilidad (y un montón de hojas de prueba) para unir los 25 círculos con un solo trazo de ocho segmentos. Por ello, éste es un ejercicio con el que disfrutamos mucho los amantes de los acertijos. Es cierto que las soluciones posibles no suelen ser consecuentes, dado que se aceptan demasiadas intersecciones entre líneas y círculos. Puede que esto se deba a que todavía no se ha publicado una solución óptima para este problema.

Esta circunstancia puede resolverse con su ayuda: sólo debe usted encontrar una línea continua formada por 8 fracciones que se cruce una sola vez consigo misma. En consecuencia, la línea no puede cruzar dos veces el mismo círculo, tan sólo puede cortar dos círculos adicionalmente.

125. Robo de joyas

Un famoso y carísimo collar de diamantes ha sido sustraído del museo de la ciudad. Las pruebas indican que el robo fue planeado y perpetrado por un solo individuo. Hay cuatro sospechosos que fueron vistos en el museo. Todos ellos son conocidos ladrones de joyas, siendo así que cualquiera de ellos habría robado el collar en caso de que él o ella le hubiera puesto la vista encima. Así pues, uno de ellos es el ladrón.

Sus declaraciones se enumeran más abajo, aunque no hay dos que coincidan en el mismo número de afirmaciones falsas.

¿Qué sospechoso es el culpable?

A. 1. B es el culpable.
   2. Yo lo habría robado, pero cuando llegué el collar ya no estaba en su lugar.
   3. D y yo planeamos el robo juntos.

B. 1. D no lo hizo.
   2. Yo lo habría robado, pero cuando llegué el collar ya no estaba en su lugar.
   3. D y yo planeamos robarlo juntos.

C. 1. B no lo robó.
   2. A lo habría robado, pero cuando él llegó ya no estaba allí.
   3. D y yo planeamos el robo juntos.

D. 1. A es el ladrón.
   2. Yo no planeé el robo con nadie.
   3. B lo habría robado, sin duda, pero cuando él llegó ya no estaba en su lugar.

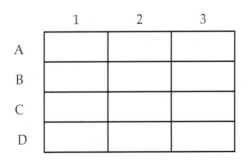

	1	2	3
A			
B			
C			
D			

126. Rutas

¿Cuántas rutas posibles hay desde el inicio hasta el final?

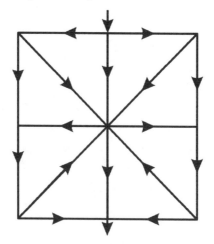

127. Magia interior

Aquí tienes un ejemplo de un Cuadrado Mágico con dos núcleos mágicos interiores. Los números que faltan del 1 al 49 deberían colocarse en la rejilla de forma que, no solamente cada línea horizontal, vertical y diagonal de esquina a esquina sume 175, sino que además, el cuadrado interior de 5 × 5 forme un Cuadrado Mágico de 125, y el cuadrado interior de 3 × 3 forme uno de 75.

	1	2	3			40
45				30	15	5
			25			
	35			20		
10	49	48	47			

128. Una celda para la reina

En el estado de las abejas hay mucho revuelo y mucho zumbido, pero en el fondo la autoridad de la reina se halla bien establecida. Ella y su corte procuran que no aparezca ninguna rival, pese a que las obreras nunca dejan de intentar la revolución que consiste en criar a escondidas una nueva reina. Pero ésta necesita un panal mucho más espacioso.

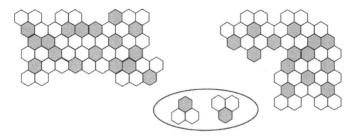

En cierta colmena de nuestro conocimiento, las autoridades inventaron una precaución especial, y fue que las obreras tenían prohibido construir celdas sueltas, sino que debían atenerse a grupos preprogramados de tres celdas. Para ello disponían de un modelo único (dentro del óvalo se ve el grupo bajo dos perspectivas diferentes, pero es el mismo). Pese a todo, las obreras lograron construir clandestinamente una celda para la nueva reina.

En la figura se ven dos panales de esa colmena, el uno a la izquierda y el otro a la derecha del óvalo. En uno de ellos hay una celda de más, es decir antirreglamentaria.

¿Descubrirá usted en cuál de estos panales hicieron la trampa las obreras, y cuál es la celda de la nueva reina?

129. Cena a la luz de las velas

El teléfono suena de madrugada en casa del comisario Tenazón y se le comunica el fallecimiento del anciano Muchaplata.

—La investigación de rutina —dice al teléfono el joven inspector—. El forense certifica fallo cardíaco. Pero ya sabe usted... hay una viuda joven, esa tal Lisa Liviana, y...

Malhumorado, el comisario se pone en camino. Al entrar en la mansión del difunto Muchaplata se tropieza con la viuda, descompuesta y deshecha en llanto. En el comedor, candelabros con largas velas encendidas indican que el matrimonio pretendía pasar una velada íntima. La mesa puesta, los platos vacíos, pero otros sin tocar en la cocina.

Con las debidas precauciones, el comisario Tenazón se dispone a interrogar a Lisa. Ella le cuenta lo ocurrido con palabras entrecortadas por los sollozos:

—Se nos ocurrió celebrar nuestro primer aniversario con una cena a la luz de las velas. Hemos encargado los platos al *delikatessen* Tocino. ¡Ah! Mi esposo, el pobre Muchaplata, era demasiado glotón. Y eso después de tres infartos. Por eso le dije: «Gordito mío, no comas demasiado que luego no puedes ni moverte». Pero él, como si nada. Y cuando ya nos disponíamos a tomar el postre se empeñó en repetir del paté. ¡Después de ocho platos, imagínese, y él que quiere repetir del paté! Discutimos, pero él montó entonces en cólera y para no estropear la velada, cedí y fui a la cocina en busca del paté. Cuando regresé, él estaba devorando los postres y no sé si se atragantó o algo por el estilo, porque cuando iba a reñirle, se desplomó hacia delante y se quedó yerto —Lisa soltó una carcajada histérica—. ¡Su gula le ha matado, señor comisario!

Tenazón reflexiona, de pie frente a la mesa del comedor, y al cabo de unos minutos se vuelve hacia Lisa y dice:

—Lo siento, señora Muchaplata, pero me veo obligado a detenerla bajo la sospecha vehemente de ser la autora de la muerte de su esposo.

¿Será verdad que Lisa Liviana asesinó a su marido?

130. Problemas fronterizos en Marte

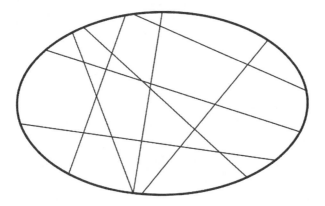

Después de que los astrónomos modernos empezasen a observar el planeta Marte con telescopios de gran potencia, muchos de ellos creyeron ver canales en su superficie. Este descubrimiento vertió muchas conjeturas sobre la existencia de vida inteligente y desde entonces, el cuento de los hombrecillos verdes ha dado la vuelta al mundo.

El dibujo que acompaña a este problema intenta reproducir uno de los primeros mapas de Marte.

Imagínese que es usted cartógrafo en Marte y que debe colorear este mapa. ¿Cuántos colores debería utilizar si quisiese distinguir las diferentes áreas entre sí? ¿Y cuántos colores necesitaría si, debido a una medida de construcción adoptada por la comisión mundial interplanetaria, se trazase otra zanja rectilínea que atravesase por el medio las ya existentes?

131. Una decisión importante

En el transcurso de sus vacaciones, un golfista solitario se topa con una pancarta que anuncia la existencia de un conocido campo de golf muy renombrado y difícil. Picado en su amor propio, el golfista acepta el desafío y se dispone a realizar el recorrido completo. Así, el primer hoyo no parece presentar mayor dificultad. La calle es recta y amplia, y no parece haber ningún obstáculo. Nuestro golfista parece ligeramente decepcionado.

La situación cambia cuando abandona el *green* e inicia el desplazamiento hacia el segundo hoyo. No hay ningún hoyo a la vista. Sólo divisa dos senderos y una señal en cada uno de ellos. Al leer el indicador, halla una referencia a los senderos que comunican los *greens*. Dice así:

«Las señales de dirección indican los senderos correctos.»

En letra pequeña puede leerse una anotación que revela que al menos una de las señales que conducen al segundo hoyo es falsa. Así pues, el golfista procede a inspeccionar las siguientes señáles.

A | Este sendero conduce al segundo hoyo

B | Estas señales son ambas verdaderas

¿Qué camino debería seguir nuestro golfista?

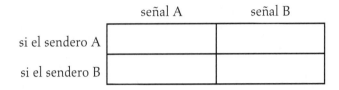

	señal A	señal B
si el sendero A		
si el sendero B		

Suponga que cada sendero es el que debe seguir. Indique sus conclusiones con una V (verdadero) o una F (falso) en cada caso para las señales A y B.

132. La taberna «El perro multicolor»

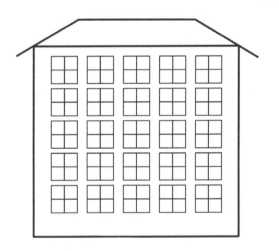

Por todo el territorio se habla de la llamada «generación de herederos»; a muchos les ha caído algún bocado inmerecido del cielo como si esto fuese el país de jauja. Exceptuando algunos casos, el que realmente se beneficia de las herencias es el Estado. No obstante, imagínese que es un heredero feliz y que ha heredado la popular taberna que aparece en el dibujo. Sin embargo, debe tener en cuenta que sólo podrá adquirirla si antes la renueva como quería el testador. Y para asegurarse de que su última voluntad se cumpla, su tío ha tramado un malicioso plan. En el testamento ha estipulado que se deben pintar las veinticinco ventanas de la casa con cinco colores diferentes de modo que haya cinco ventanas de cada color. Además, en cada fila horizontal y vertical, sólo pueden haber dos ventanas del mismo color, que además deben estar directamente una al lado de la otra o una encima de la otra.

¿Cómo resolvería el problema para poder acceder a la herencia?

133. Cuadrado 1

Divide el cuadrado en cuatro partes iguales. Cada parte debe contener los cinco símbolos (uno de cada)

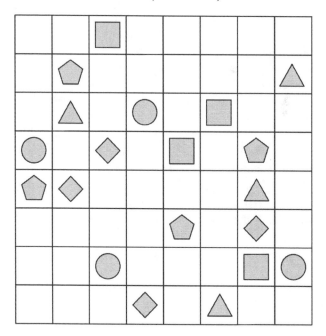

134. Bandera olímpica

Los cinco anillos de la bandera olímpica son: azul, negro, rojo, amarillo y verde.

¿De cuántas formas distintas se podrían haber colocado los anillos?

135. Excursión otoñal

En uno de los últimos días soleados del otoño, el señor Peregrino y su amigo el señor Piedeliebre salieron de excursión en bicicleta. Pese a las advertencias de Peregrino, el señor Piedeliebre se empeñó en seguir sacando su viejo caballo de hierro. Y así pasó lo que tenía que pasar: por la tarde, cuando iban a emprender el regreso, se le partió el cuadro de la bicicleta a Piedeliebre. En ese momento les faltaban unos 30 kilómetros para llegar a casa. Peregrino estaba furioso. Como no quería abandonar a su amigo, calculaba que le quedaba una buena caminata, y para colmo le tocaría andar empujando su propia bicicleta. En esas condiciones caminarían como máximo 4 kilómetros por hora. Serían siete horas y media de camino y llegarían bien entrada la noche. Piedeliebre intentó restar importancia a lo sucedido y, medio en serio medio en broma, planteó la proposición siguiente:

—¿Qué te parece, Peregrino? ¿Nos repartimos el esfuerzo? Los dos somos buenos andarines. Normalmente le echaríamos nuestros buenos siete kilómetros y medio por hora. Y sobre la bicicleta, puedes recorrer tranquilamente el doble. Vamos a hacer lo siguiente: yo camino y tú vas en bicicleta durante media hora. Luego te apeas, dejas la bicicleta y echas a andar. Cuando yo llegue adonde esté la bicicleta, me voy con ella, la uso durante media hora y luego sigo a pie. Y así, vamos turnándonos hasta llegar a casa. Creo que adelantaremos bastante con eso.

—¿Tú crees? Para eso, echamos a andar los dos, llegamos a casa en cuatro horas y mañana me paso por aquí con el coche para recoger mi bicicleta —replicó Peregrino.

—¡Tonterías! —le rebatió Piedeliebre—. Vamos a ensayar mi propuesta. Seguro que no se tarda más. Si resulta que tengo razón yo, y llegamos antes de lo que tú has dicho, me pagas una cena; de lo contrario, pago yo.

Peregrino aceptó la apuesta. ¿A cuál de los dos le tocó pagar la cena?

136. Otro de cerillas

No carece de malicia este cambio de figuras. Es de los que obligan a darse una palmada en la frente al contemplar la solución, mientras nos preguntamos cómo no se nos había ocurrido.

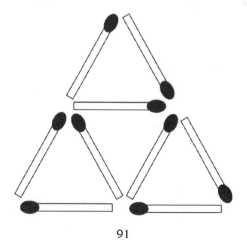

Tenemos un triángulo equilátero formado por cuatro triángulos pequeños. Se trata de mover sólo cuatro cerillas para obtener la figura de un dado visto en perspectiva.

137. El cubo mágico

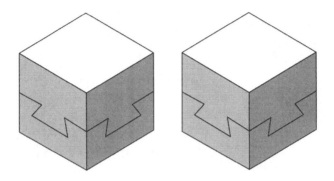

La palabra «cubo mágico» suele recordarnos al cubo Rubik, que en los años ochenta nos hizo pasar las tardes dando vueltas y más vueltas al artilugio, hasta que las puntas de los dedos echaban chispas y los brazos se nos caían de puro agotamiento. Hoy en día este juguete ya no quita el sueño a casi nadie, aunque hace mucho tiempo que olvidamos las soluciones que tanto nos costó encontrar. Parece ser que el tormento que pasamos con el famoso cubo todavía sigue vivo en nuestra memoria. Claro que, si pensamos que había 43 quintillones de soluciones posibles (una cifra con 30 ceros), no debe extrañarnos en absoluto que ya hayamos tenido suficiente.

El caso del cubo que aparece en la ilustración (y del que usted puede ver las caras delanteras y traseras) es bien diferente. También en él se plantea un problema antiguo, aunque siempre es un placer volver a resolverlo. El cubo está compuesto por dos piezas y, si no lo pegamos con cola, se puede separar fácilmente si se juega un poco con él. ¿No se lo cree? Pues vuelva a mirar el dibujo con detenimiento. ¿Qué aspecto han de tener las piezas por separado para poder formar este cubo?

138. Robo de un traje en la tienda de moda para hombre de Fred

Un ladrón se probó un traje en la tienda de modas de Fred y aprovechando un momento de distracción general salió caminando tranquilamente del establecimiento sin pagar su adquisición. Cuatro son los sospechosos, y todos ellos fueron vistos probándose trajes. Sus declaraciones figuran más abajo.

Uno de los sospechosos hace tres afirmaciones verdaderas. Otro hace dos afirmaciones verdaderas y una falsa. Otro hace una afirmación verdadera y dos falsas. y el cuarto y último hace tres afirmaciones falsas. ¿Cuál de ellos es el ladrón?

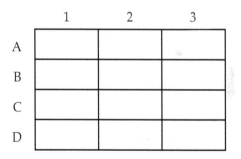

A. 1. D no lo hizo.

   2. Ni B ni yo robamos ese traje.

   3. Nunca me pondría un traje.

B. 1. Sólo uno de nosotros cuatro es culpable.

   2. C lo hizo.

   3. D ya tenía un traje.

C. 1. A se pondría un traje.
    2. Ni D ni yo lo hicimos.
    3. Mi traje está muy gastado.

D. 1. A lo hizo.
    2. B es inocente.
    3. Yo no tenía un traje.

139. Símbolos 3

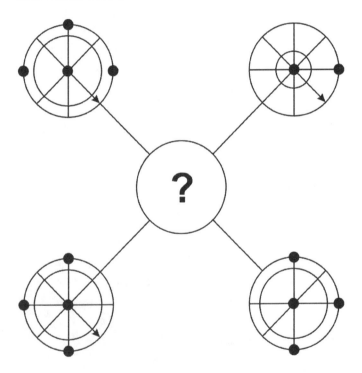

Cada línea y cada símbolo que aparece en los cuatro círculos exteriores de arriba se traslada al círculo central según esta regla:

Si una línea o un símbolo aparece en los círculos exteriores:

1 vez: se traslada

2 veces: puede que se traslade

3 veces: se traslada

4 veces: no se traslada

¿Cuál de los círculos A, B, C, D o E debería aparecer en el centro del diagrama?

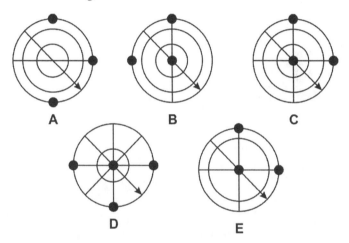

140. Sissa Ben Dahir

Sissa le pidió al rey que colocara lo que tenía que pagar encima un tablero de ajedrez de 64 casillas.

Un grano de trigo en la casilla 1. Dos granos en la casilla 2. Cuatro en la casilla 3. Ocho en la casilla 4 y así sucesivamente. ¿Cuántos granos hay en total?

141. Garabatos

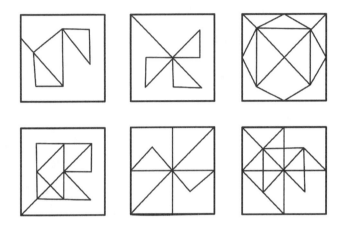

La señora Despabilada acaba de descubrir su personalidad creativa. En esta ocasión, se trata de motivos decorativos lineales con los que adorna la casa y las prendas de vestir. Esa idea se le ocurrió mientras hojeaba un libro de nudos. Por eso rechaza las figuras que no puedan dibujarse de un solo trazo, sin levantar el lápiz del papel y sin pasar dos veces sobre el mismo trazo. Claro que a veces resulta difícil decidirlo; por ejemplo, ¿cuál de estas seis figuras *no puede* dibujarse de un solo trazo?

142. La herencia de Ricote

Cuando murió el millonario Ricote había sobrevivido a todos sus herederos, y de ahí que sólo el servicio acudiese a la lectura del testamento en la notaría. Cuando el notario procedió a leer las últimas voluntades, resultó que Ricote dejaba todos sus bienes muebles a la beneficencia, y los inmuebles se repartían de la manera siguiente:

La mitad, a su fiel mayordomo.

Una cuarta parte a su excelente cocinera.

Una octava parte, al jardinero.

Al chófer, sólo la décima parte, porque desobedeciendo sus órdenes siempre corría demasiado.

Cuando el notario procedió a leer el reparto se anunciaban desavenencias, porque Ricote dejaba 39 inmuebles. Estaba en construcción el 40.º pero sólo existía en los planos del arquitecto. ¿Cómo repartir los 39 edificios de la herencia sin entrar en laboriosas discusiones? Después de reflexionar unos momentos se le ocurrió una solución brillante. Añadió a las 39 casas existentes, la 40.ª que estaba en proyecto. Y así el mayordomo recibió 20 inmuebles, la cocinera 10, el jardinero 5 y el as del volante 4. Todos salieron del despacho satisfechísimos.

¿Cómo pudo efectuarse la división dejándolos a todos contentos?

143. Una reforma barata

El señor Forrado tiene una pasión muy lucrativa. Posee ocho caballos de carreras los cuales guarda en ocho cajas tal como muestra el dibujo. Puesto que lo que le gusta es tener a la vista todo aquello que le pertenece, el diseño de su establo no le acaba de convencer. Quiere remodelarlo de tal manera que pueda ver los ocho caballos de una sola mirada. Se pasa un buen rato pensando en la manera más barata para llevar a cabo la reforma. Al final se decide por comprar solo tres paredes nuevas para el establo y reutilizar las antiguas.

Intente resolver el problema como pretende el señor Forrado. Las medidas de las tres paredes nuevas no se diferencian de las antiguas. Además, en el nuevo establo cada caballo debe tener el mismo espacio que tenía antes.

144. Una partida de póquer seria y fatal de veras

En una sala privada situada en la planta superior del restaurante *Los siete mares* de Johnny, seis expertos jugadores estaban enfrascados en una partida de póquer de apuestas muy altas y arriesgadas. Repentinamente, después de que Joe hubiera ganado una mano importante, dos jugadores acusaron al ganador de haber hecho trampas y ambos lo estrangularon en presencia de los tres jugadores restantes.

Todos, salvo Joe, por supuesto, hicieron declaraciones por requerimiento de la policía local, que había sido llamada. Se desconoce la veracidad de lo declarado, a excepción de que uno de los jugadores homicidas hizo dos afirmaciones verdaderas y el otro dos falsas.

¿Qué dos jugadores cometieron el crimen?

A. 1. Yo no participé en el juego de póquer.
   2. La primera afirmación de D es falsa.

B. 1. Las declaraciones de E son ambas falsas.
   2. No estuve implicado en el crimen, e ignoro quién lo hizo.

C. 1. Yo no participé en el juego de póquer.
   2. Salí de la sala antes de que se cometiera el crimen.

D. 1. Los jugadores culpables son A y C.
   2. Las afirmaciones de E son ambas verdaderas.

E. 1. C no es el culpable.
    2. La segunda afirmación de B es falsa.

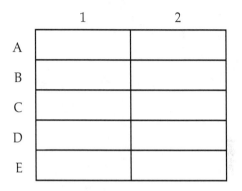

145. Secuencia de cuadrados

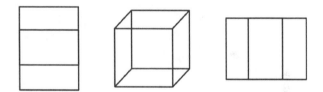

¿Cuál de las opciones A, B, C o D continuaría con la secuencia de arriba?

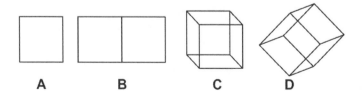

146. Cuadrado 2

Aquí hay tres piezas de madera. Haz un corte en cada una de las piezas, de forma que queden seis piezas que puedan juntarse de nuevo para formar un cuadrado perfecto.

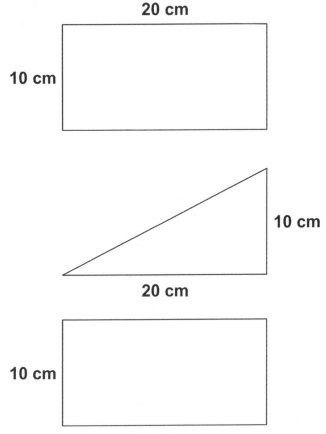

147. Magia de recuadros

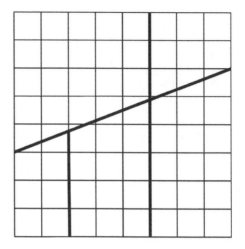

Zoquete está la mar de contento porque ha fabricado un puzzle recortando en cinco pedazos un cuadrado de 64 casillas. Después de barajar los trozos cerrando los ojos, incluso ha logrado reconstruir el cuadrado una vez. Las demás veces le han salido diferentes figuras, y lo curioso es que una vez la figura tenía 63 casillas y otra vez 65, sin que Zoquete consiga explicarse el fenómeno.

En la figura se ve cómo recortó el papel de 64 casillas. ¿Sería usted capaz de obtener una figura de 63 casillas con estos trozos, y luego una de 65? ¿Y, a diferencia de Zoquete, explicar cómo se consigue?

148. Enigma no eterno, pero sí antiquísimo

En realidad Pensativo debía saberlo, puesto que se conoce este problema desde los tiempos de los antiguos griegos. Pero quiso la casualidad que cierto día, hallándose de excursión con Peregrino por la ribera del Rin, se viese confrontado con ese problema clásico en la vida real. Sucedió que Pensativo y Peregrino visitaron unas bodegas y se les ocurrió hacer provisión de aquellos nobles caldos. Pensativo compró cinco botellas de litro, y Peregrino tres. Al anochecer se sentaron en la pérgola de una pequeña pensión y descorcharon una de las botellas. Uno de los huéspedes trabó conversación con ellos y al rato, se dio a conocer como comerciante que representaba una famosa marca de jamones de San Daniele. Juntos cataron el vino y conforme se prolongaba la velada fueron descorchando una botella tras otra, hasta vaciar la octava. A la hora de regresar cada mochuelo a su olivo, el representante quiso corresponder y les regaló a sus compañeros de mesa ocho jamones, uno por cada una de las botellas que habían vaciado, diciendo:

—Repartíoslos tal como nos hemos repartido el vino. La mañana siguiente, cuando Pensativo y Peregrino despertaron con los cerebros abrumados por fuerte resaca, estalló una gran discusión sobre el reparto de los jamones.

Pensativo dijo: —Si ha de ser un reparto justo, deberíamos ir a medias. O sea, cuatro jamones para cada uno. Pero como yo di dos botellas más que tú, me corresponden dos jamones más. Es decir, seis para mí y cuatro para ti.

Peregrino no daba crédito a sus oídos. O sea, que Pensativo era un amigo, pero sólo siempre y cuando no le tocasen los jamones. Insistió en que a él le tocaban tres jamones y a Pensativo los otros cinco. Es decir, a jamón por botella.

Sin embargo, Pensativo no daba su brazo a torcer. Por último recurrieron al arbitraje de la patrona. Ella, mujer despabilada y con gran experiencia de la vida, escuchó el caso y dijo:

—Para que el reparto de los jamones sea tan justo como el del vino, el señor Pensativo debería quedarse siete jamones y el señor Peregrino uno. —Aunque desde luego la sentencia daba la única solución justa, finalmente los amigos prefirieron repartirse los jamones mitad y mitad para evitar rencores.

¿Por qué era más justa la sentencia de la patrona?

149. Un puzzle cuadrado

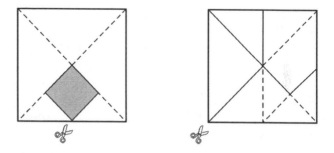

Si quiere que un cuadrado aumente de tamaño, basta con que le ofrezca un pequeño aperitivo con forma cuadrada. Si no quiere creerlo, intente resolver este puzzle y quedará convencido.

Las piezas que necesita para este puzzle las obtendrá recortando dos hojas cuadradas. La primera debe doblarla dos veces en diagonal. Luego pliegue las dos esquinas de un lado hacia el centro y vuélvalas a desplegar. En los pliegues podrá reconocer un pequeño cuadrado. Recórtelo.

A continuación, pliegue el segundo folio dos veces diagonalmente y una vez a lo largo. Luego doble una esquina hacia el centro y desdóblela. Ahora puede obtener un cuadrado cortando a lo largo de los pliegues que aparecen marcados con línea continua en el dibujo de arriba.

De este modo obtendrá cinco piezas: un pequeño cuadrado de la primera hoja y un cuadrado fraccionado en cuatro partes de la segunda. Estas cinco piezas se pueden juntar para formar un cuadrado grande. Inténtelo y obtendrá una demostración de la tesis expuesta al principio.

150. Variedades de frutas

El clima ideal que reina en la tierra de Hiperbórea propicia la proliferación de una extensa variedad de frutas. En el puesto de frutas del mercado de un pueblo pueden encontrarse hasta veinte variedades distintas dispuestas en dos hileras. Teniendo en cuenta la información que seguidamente se proporciona, confeccione una lista con las variedades de frutas y el orden de su disposición. («A la derecha de» y «a la izquierda de» significan en la misma hilera; «frente a» o «detrás» significan en posición directamente opuesta en la hilera adyacente.)

Las uvas estaban a la derecha de los limones y los mangos, que se situaban a la izquierda de las nectarinas, que estaban frente a las papayas. Las cerezas, que se encontraban detrás de las fresas y a la derecha de las ciruelas, estaban a la izquierda de los caquis, que estaban situados a la derecha de los nísperos, a su vez colocados a la izquierda de los albaricoques. Las naranjas estaban a la derecha de las peras y a la izquierda de las ciruelas, que se encontraban a la derecha de los melocotones, que por su parte estaban a la izquierda de las cerezas y a la derecha de las naranjas.

Las limas, que figuraban frente a las peras, estaban a la izquierda de las sandías y los plátanos, que podían encontrarse a la izquierda de las moras, situadas a su vez a la derecha de las sandías, que estaban a la izquierda de las fresas y los plátanos. Las frambuesas se encontraban a la izquierda de los limones, que aparecían a la derecha de las moras y las fresas, que por su parte estaban a la derecha de los plátanos y a la izquierda de las frambuesas y los mangos, situados éstos a la derecha de los limones.

Las nectarinas estaban a la izquierda de las uvas, que encontrábamos a la derecha de las frambuesas, a su vez colocadas a la derecha de las fresas. Las papayas podían verse a la izquierda de las guayabas, que por su parte estaban situadas a la derecha de los nísperos, que se encontraban a la derecha de las cerezas y a la izquierda de los caquis, que por último estaban a la izquierda de los albaricoques.

151. Cuadrado 3

Divide este cuadrado en cuatro partes que tengan la misma forma y la misma área. Cada parte debe contener los cuatro símbolos que aparecen, uno de cada.

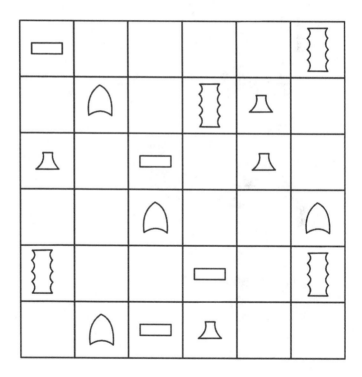

152. Números cuadrados

Cada línea horizontal y vertical contiene los dígitos de diferentes números cuadrados de cuatro cifras. En cada número, los cuatro dígitos están siempre ordenados de forma correcta, pero no son necesariamente adyacentes. Cada número se utiliza una única vez.

¿Podrías encontrar los 16 números cuadrados de cuatro cifras?

3	5	7	7	7	7	1	6
1	1	5	3	4	2	1	1
3	6	7	5	4	8	6	9
1	8	2	9	2	5	3	9
9	2	2	1	8	6	6	6
6	1	2	8	4	4	9	3
3	1	1	6	3	9	9	6
4	6	5	8	9	8	9	6

153. Una corona de seis monedas

Colocar siete monedas de manera que formen un círculo no representa ninguna muestra de habilidad, como puede observar en el dibujo. No obstante, difícilmente conseguirá extraer la moneda del centro sin que la corona de seis monedas se desplace. Aun así, es posible hacer sin más ayudas una corona circular exacta con seis monedas. Sin embargo, para ello no se debe tomar el camino que se nos presenta a primera vista, que implicaría utilizar siete monedas, ya que

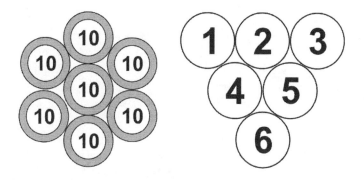

una corona de este tipo se puede realizar con mayor facilidad partiendo únicamente de seis monedas.

Dibuje seis monedas con estructura triangular e intente obtener en cuatro movimientos una corona perfecta.

154. Círculos anuales

A la señora Croqueta su hija le ha regalado un calendario de las cuatro estaciones hecho en la escuela. Consiste en un círculo grande, dentro del cual rueda alrededor de su propio centro otro círculo más pequeño, y así va indicando las cuatro estaciones.

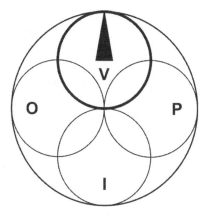

Como suele ocurrir con los regalos infantiles, el calendario pasa a ocupar un lugar de honor en la cocina. La señora Croqueta lo contempla de vez en cuando y reflexiona sobre el paso de los años. Entonces, hace un descubrimiento que le parece imposible a primera vista. La punta del índice que tiene el círculo pequeño ha descrito un movimiento muy curioso.

¿Qué figura geométrica ha trazado la punta de la flecha observada por la señora Croqueta, suponiendo que el diámetro del círculo pequeño sea exactamente igual al radio del círculo grande?

155. El secreto de la Sibila

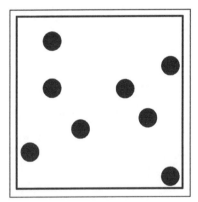

La sabia maga Sibila tiene ocho alumnas a quienes trata de enseñar el arte de los oráculos. Ya anciana e intuyendo su próximo fin, las reúne para revelarles sus últimos secretos. Pero cuál no será su espanto al hallarlas desavenidas y poco preparadas para la revelación de las últimas verdades, por lo que decide escribir su mensaje y esconderlo en ocho lugares distintos del bosque sagrado. Hecho esto convoca de nuevo a sus discípulas y les anuncia:

—He trazado un plano en donde figuran las localizaciones del secreto definitivo. Ahora lo doblaré y lo cortaré de un tijeretazo en ocho trozos. Cada una de vosotras recibirá una parte de idéntico tamaño, en donde va a figurar uno de los escondites. Sólo cuando os hayáis puesto de acuerdo, podréis reunir los trozos para restablecer el plano, y entonces seréis sabedoras del último secreto.

Después de lo cual la Sibila cortó el plano, repartió los trozos y feneció.

¿Cómo fue posible doblar una hoja cuadrada de manera que un sólo corte la dividiese en ocho trozos, y que cada uno de éstos contuviese la situación de una parte del mensaje? Además, todos los trozos eran de forma y tamaño idénticos.

156. Para los amigos de la flecha verde

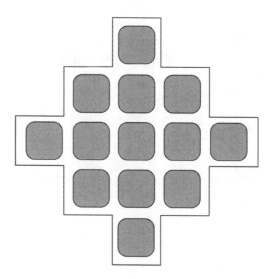

La flecha verde permite a los conductores girar a la derecha aunque el semáforo principal esté rojo. Para los amigos de esta regulación presentamos el plano de una ciudad con el que usted podrá atravesar, sin tener que parar en ningún semáforo, las calles que desee con solo girar a la derecha en cada semáforo en rojo, y aún así llegará a su destino.

¿Cuál sería el camino más corto conduciendo de este modo por toda la ciudad y recorriendo cada calle por lo menos una vez?

157. ¿Quién robó el carro de golf número 22?

Una noche de Halloween cuatro juerguistas disfrutaban de la celebración alborotando en las proximidades del Mountain Golf Club, hasta que llegó un momento en que tanta diversión se les escapó de las manos. Uno de los cuatro, en presencia de sus tres camaradas, robó un carro de golf y procedió a conducirlo por varios de los *greens,* causando graves daños.

Al día siguiente se interrogó a los cuatro juerguistas, y sólo uno de ellos no mintió en ninguna de sus declaraciones.

¿Cuál de ellos robó el carro y dañó los *greens?*

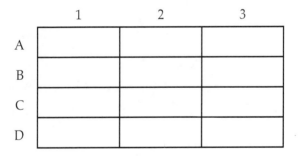

A. 1. Yo no estuve allí.

    2. B buscaba meterse en problemas; él lo hizo.

    3. Cuando llegué el daño ya estaba hecho.

B. 1. Yo estuve allí.
2. C robó el carro.
3. A es inocente; él trató de detenerlo.

C. 1. La primera afirmación de A es verdadera.
2. D lo hizo.
3. La tercera afirmación de A es falsa.

D. 1. La tercera afirmación de C es falsa.
2. La primera afirmación de A es falsa.
3. Ni B ni yo lo hicimos.

158. Pirámide de hexágonos

¿Qué símbolo debería aparecer en el hexágono que contiene el interrogante?

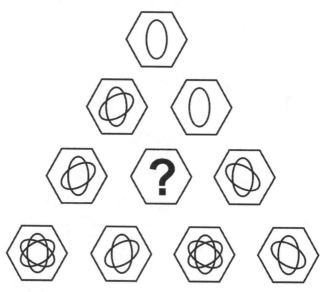

¡No le damos ninguna opción para este problema! ¡Tiene que resolverlo usted mismo!

159. Dados

Un jugador hizo tres dados.

El dado blanco tenía los números 2, 4 y 9 dos veces cada uno.

El dado azul tenía los números 3, 5 y 7 dos veces cada uno.

El dado verde tenía los números 1, 6 y 8 dos veces cada uno.

Así, el número total de cada dado era el mismo.

El jugador dejaba que su oponente eligiera un dado, entonces él elegiría otro dado con mayores probabilidades. ¿Cómo podía ser?

160. Hexágono mágico

Aritmófilo está, como de costumbre, sumando columnas de números, cuando casualmente pasa por allí Listillo. Su amigo le desafía sin pérdida de tiempo:

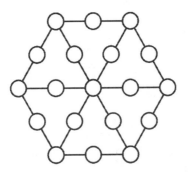

—Como sé que eres aficionado a la magia de los números, aquí tienes un hexágono mágico —anuncia al tiempo que dibuja la figura en un papel—. Todo gira alrededor del número mágico dos. Si aciertas el orden en que hay que escribir los números 1 a 19 en estos círculos, todos los radios contando a partir del centro y todos los lados suman 22.

Éste es de los problemas de magia numérica que encantan a Listillo.

161. Plegar un cuadrado mágico

Los antiguos romanos ya mataban el tiempo con los cuadrados mágicos. Inventaron cuadrados matemáticos en donde las cifras de las casillas sumadas en cualquier sentido arrojaban el mismo total, o cuadrados de letras que daban la misma frase de cualquier manera que se leyesen. Esos acertijos todavía distraen a nuestros contemporáneos, y de ahí que los espíritus inventivos desarrollen variantes siempre nuevas de cuadrados con números o con letras. Aquí tenemos un ejemplo.

Como preparación, doblamos una hoja de papel DIN A4 de la manera que se representa. Con los dobleces prefiguramos una rejilla de 3 × 4 recuadros cuadrados más una estrecha franja sobrante superior. Estos recuadros los numeramos como muestra la figura.

El problema consiste en plegar la hoja así obtenida, para obte-

ner un cuadrado mágico conteniendo los guarismos del 1 al 9 y donde la suma de cada fila, columna o diagonal, sea igual a 1. Evidentemente no puede conseguirse sin recortar la cuadrícula por lo cual prepararemos también unas tijeras. Se conserva la estrecha franja superior porque nos servirá para dar consistencia al cuadrado mágico.

162. La vanguardia de los conejos de Pascua

Un grupo de conejitos de Pascua o, mejor dicho, un grupo de «jóvenes rebeldes» quiso poner fin a la variedad de huevos de Pascua y propagó una tendencia «ultraradical» de colores. El blanco y el negro son los colores que contienen a todos los demás, por eso a partir de aquel momento, los huevos de Pascua sólo se podrían pintar de blanco, de negro y del color resultante de la mezcla de ambos, a saber, el gris. No obstante, estos artistas de vanguardia también quisieron crear una regla que dictase el modo en que se dispondrían los nidos de Pascua. La condición que impusieron fue la siguiente: el verdadero nido de Pascua consta de seis huevos: dos negros, dos blancos y dos grises. Además, dos huevos del mismo color no se pueden tocar directamente por lo que cada huevo deberá estar en contacto con los cuatro huevos de los dos colores restantes.

Los jóvenes y rebeldes conejitos de Pascua pasaron largos ratos pensando cómo podrían satisfacer la exigencia artística que ellos mismos habían impuesto. Sin embargo, no encontraron la manera, y con ello nos ahorraron a nosotros y a nuestros hijos ese experimento tan descolorido. Y eso que sí existe la posibilidad de seguir las normas de la vanguardia de los conejos. ¿Tiene usted alguna idea del aspecto que hubiese tenido un nido de Pascua de este tipo?

163. Personajes desagradables

Un cargamento de juguetes navideños que recientemente había llegado a la juguetería de la localidad fue súbitamente robado. La policía interrogó a cuatro individuos de turbia reputación. Todos ellos habían sido vistos por la zona en el momento en que se produjo el robo, y todos saben quién robó los juguetes.

El culpable de los hechos hace una afirmación verdadera y dos falsas. La veracidad de las declaraciones de los demás sospechosos es desconocida.

¿Quién robó la partida de juguetes navideños?

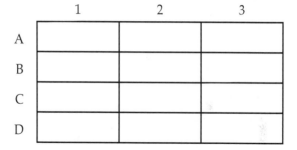

A. 1. Yo me encontraba fuera de la ciudad cuando ocurrió el robo.

   2. D es el culpable.

   3. Creo que los juguetes simplemente se extraviaron.

B. 1. A mintió cuando dijo que estaba fuera de la ciudad.

   2. C es inocente.

   3. No entiendo por qué soy sospechoso.

C. 1. A mintió cuando dijo que estaba fuera de la ciudad en el momento del robo.

2. Soy inocente.

3. Apuesto a que A sabe quién lo hizo.

D. 1. Entiendo por qué se me considera sospechoso del robo.

2. C es el culpable.

3. Soy inocente.

164. Círculo 2

Seis líneas cortan el círculo en 16 secciones.
Utilizando seis líneas, secciona el círculo en 22 partes.

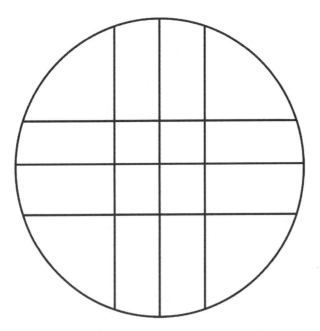

165. Encuentra la secuencia

Empieza por arriba a la izquierda y termina por arriba a la derecha, moviéndote de casilla en casilla horizontal y verticalmente (no en diagonal) para desembrollar una secuencia numérica lógica. Debes pasar por todas las casilla sólo una vez.

1	4	5	6
7	2	6	6
2	3	1	4
5	6	2	5

166. Bombilla cuadrada

—¡Hombre, Pensativo! ¡Tú siempre con tus problemas! —exclama Frivolón, que ha visitado a su amigo y lo encuentra sumergido en un montón de papeles con dibujos de bombillas de todas las formas posibles.

El caso es que Pensativo se ha propuesto inventar una figura que con dos cortes rectilíneos pueda descomponerse en tres pedazos, los cuales organizados de otra manera, deben

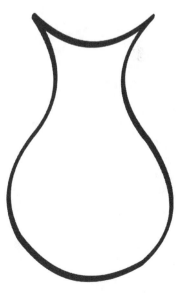

dar un cuadrado. Otro día, cuando los dos amigos vuelven a verse, Pensativo presenta su solución, lleno de orgullo. Ahora el problema es para Frivolón, quien no ve nada claro que esa bombilla pueda convertirse en un cuadrado.

¿Tendría usted la bondad de ayudarle?

167. Cálculos caprichosos

1. Éste es para colegiales de la escuela elemental. ¿Cuál es la serie de tres cifras que cumple la condición de que el producto de dichas cifras es igual a su suma?

2. ¿Cómo se dice correctamente: siete y cinco hacen trece o, siete más cinco igual a trece?

3. Tachar seis cifras de la tabla siguiente de manera que las restantes sumen 20.

111

777

999

Hay dos maneras de obtener la suma 20, una que se descubre a simple vista y otra más enrevesada.

4. Vanidoso y Tacaño se han peleado. Salieron a comprar corbatas y como ambos tienen los mismos gustos, los dos han elegido las mismas corbatas. Pero luego, en la tertulia del café, Vanidoso afirmó delante de los amigos que él había gastado en corbatas 12.000 machacantes más que Tacaño, y que juntos gastaron 13.000 machacantes, ¡para que vieran las birrias que Tacaño se ataba al cuello! Tan pronto como se vieron a solas, sin embargo, Tacaño le dijo a Vanidoso:

—Mira, Vanidoso, por mí puedes andar diciendo lo que quieras siempre que sean historias verdaderas. Así que vas a darme la diferencia, o sea lo que según dices has gastado de más en corbatas, y yo tendré la boca cerrada. De lo contrario les enseñaré a los amigos la cuenta de la tienda.

Tan grande era la presunción de Vanidoso que efectivamente consintió. ¿Cuánto cree usted que le costó el poder seguir echándose faroles en la tertulia?

5. Veamos: 22 + 10 = 8 (!) ¿En qué condiciones puede ser correcta esa cuenta?

6. Un número que permite hacer muchas demostraciones sorprendentes es el que se obtiene al dividir 999.999 por 7. El resultado es la curiosa cifra 142.857. Si la multiplicamos por 2, 3, 4, 5 o 6 los guarismos únicamente cambiarán de lugar. Véase a continuación un ejemplo de cálculo que presenta otras posibilidades de la cifra.

$$142.857 \times 347 = 49.571.379$$
$$571.379$$
$$+49$$
$$\overline{571.428}$$

Al separar las dos primeras cifras del resultado y sumarlas con el número restante, obtenemos una cifra que vuelve a mantener los mismos guarismos originarios en otro orden. Por un procedimiento parecido, sólo que con otro multiplicador, se puede partir de 142.857 para reconstruir la cifra inicial 999.999.

7. «Con los números se puede demostrar cualquier cosa», es creencia común que suele servir para criticar las estadísticas. En consecuencia también deben ser demostrables sobre el papel las afirmaciones siguientes:

La mitad de 18 es 10.
La mitad de 13 es 8.

8. Cierto día Pensativo le propone a Sabihondo esta sentencia: «Ocho veces ocho pueden dar 1.000».
¿Cómo se concilia eso?

9. Al día siguiente Sabihondo toma cumplida venganza con otro cálculo no menos extravagante, afirmando que dieciocho veces 9 da 999.999.999. La cuenta es complicada y esta vez su amigo tarda un poco en dar con la solución.

168. El enigma del faraón

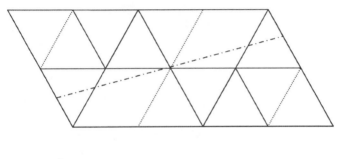

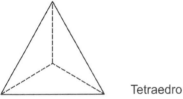

Tetraedro

Quizá este ejercicio hubiese sido un rompecabezas para un faraón. Para su jefe de construcción, en cambio, no representa más que un juego de niños.

En el dibujo aparecen cuatro triángulos equiláteros dispuestos de tal manera que forman el plano una pirámide triangular. Una pirámide triangular de este tipo se conoce como tetraedro. Tres líneas distintas recorren las cuatro superficies de la pirámide, pero sólo una de ellas cierra su trayectoria. Encuentre esta línea sin construir la pirámide.

169. Robos de automóviles

En una ciudad del sur de Arizona varios coches modelo Ford Mustang han sido robados recientemente, al parecer para ser vendidos en México. Tres sospechosos, todos ladrones conocidos, han sido identificados. Uno de ellos es culpable de estos delitos.

Uno de los sospechosos hizo tres afirmaciones verdaderas, mientras que otro hizo tres afirmaciones falsas. La veracidad de las respuestas del tercero es desconocida. ¿Cuál de ellos robó los Mustang?

A. 1. Soy inocente.
   2. Todas mis afirmaciones faltan a la verdad.
   3. Me opongo a todos los delitos, y en particular a los robos de automóviles.

B. 1. Yo no lo hice.
   2. Sólo una de mis afirmaciones falta a la verdad.
   3. Me opongo a todos los delitos, y en particular robos de automóviles.

C. 1. Yo no lo hice.
   2. Siempre hablo con la verdad.
   3. Entiendo que el Ford Mustang es un coche muy popular en México.

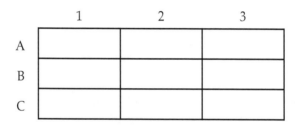

	1	2	3
A			
B			
C			

170. Franjas

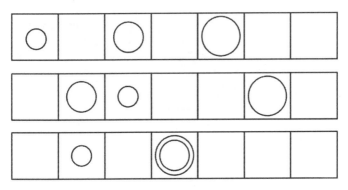

¿Cuál de estas opciones continuaría la secuencia de arriba?

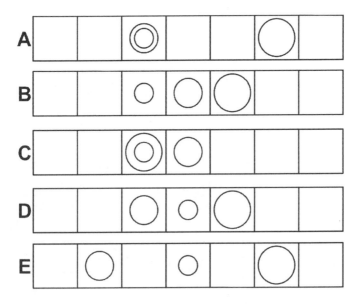

171. Once

Cuando las sumas de los dígitos alternos de un número son iguales, ese número es exactamente divisible por once. Por ejemplo: 5841, donde 5 + 4 = 8 + 1.

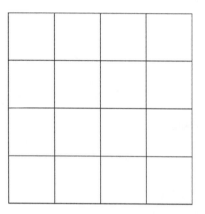

Teniendo en cuenta esto, coloca los dígitos que te damos en la cuadrícula de forma que los números de cuatro cifras de cada línea horizontal y vertical, sean divisibles por once, en los dos sentidos.

0, 1, 1, 2, 2, 3, 4, 5, 6, 7, 8, 8, 8, 9, 9.

172. Las torres de Hanoi

Sería tal vez durante la guerra de Vietnam cuando se rebautizó así el antiquísimo enigma de los Anillos de Brahma, cuya historia es la siguiente:

En el gran templo de Benarés, bajo la cúpula que marca el centro de la Tierra, hay un disco de metal en el que se fijaron tres agujas de diamante, cada una de un codo de alto y con el grosor equivalente al del cuerpo de una abeja. En una de estas agujas el dios enhebró 64 discos de oro, el más ancho en la base y cubierto sucesivamente por discos de diámetros decrecientes. Los sacerdotes transfieren incesantemente los discos de la aguja inicial a las demás, bajo las reglas siguientes:

1. No se puede tomar más de un disco al mismo tiempo.
2. Un disco de diámetro más grande no debe quedar descansando sobre otro de diámetro más pequeño.

El día que consigan transferir de la aguja inicial a cualquiera de las otras dos los 64 discos, todo se hundirá en el polvo y la Creación desaparecerá.

Nosotros, más modestos, nos limitaremos a jugar con 3, 4 o 5 discos. Como hay varias soluciones posibles en cada caso, la pregunta consiste en saber cuántos saltos de unas agujas a otras hacen falta, como mínimo, para quitar los discos de A y dejarlos colocados en B o C.

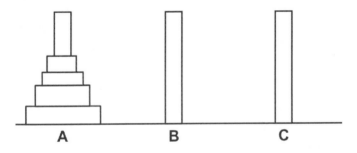

173. Asesinato antes de medianoche

Es una noche serena de verano, cuando parece imposible que suceda nada desagradable, y sin embargo el comisario Tenazón se encamina a la Villa Buenavista para investigar un asesinato. El dueño de la casa, el anciano conde de Granvida, recibió un tiro por la espalda en su biblioteca, según el forense disparado desde muy poca distancia o con un arma de caza, según indica el orificio de salida del proyectil. La víctima yace tumbada de espaldas como un árbol derribado, los ojos sin vida vueltos hacia el retrato de su ex esposa (donde, apenas visible, ha ido a clavarse la bala mortífera).

En su mano derecha los restos de un excelente puro que estaba fumándose y cuya lumbre ha prendido un feo agujero en la alfombra.

Cerca de la izquierda, una estilográfica de oro cuya tinta manchó también la alfombra. Sobre el escritorio, algunos papeles arrugados con el monograma del conde. El comisario los lee y suspira con fatiga:

—Borradores para un testamento, pero ninguno de ellos definitivo. El culpable todavía debe hallarse en la casa. Agente, hágame el favor de reunirlos en el salón y así les leeré la cartilla a todos.

La idea no ha sido acertada, según se pone de manifiesto en seguida. Porque al entrar el comisario en el salón, encuentra a los cinco residentes enzarzados en tremenda pelea. Gritan, y tanta es su alteración, que nadie se fija en el recién llegado. La joven baronesa de Heredero y Rastrero está acusando a los otros cuatro.

—¡Menuda banda de granujas estáis hechos! Sabíais que el conde quería ponerlo todo a mi nombre para conseguir que me casara con él. ¡Y como quedabais con el culo al aire, por eso lo habéis liquidado! Pero yo tengo mis recursos y mis influencias, y no dudéis que impugnaré el testamento.

—Tú no harás nada de eso —replica la ex condesa divorciada—. Porque has sido tú quien ha convencido a Toni, viendo que te tiraba los tejos, para asesinar al viejo, y luego te has apoderado del nuevo testamento, ¡como les consta a los aquí presentes!

—¡Cómo! —se indigna Toni, palideciendo—. El conde acababa de prometerme una pensión vitalicia, ¿por qué iba a asesinarlo?

—Para entrar en las clases pasivas cuanto antes —se burla el joven jardinero—. Y como además eres un cobarde, por eso le disparaste por la espalda. A mí no puede pasarme nada, porque no heredo nada y sólo hace quince días que estoy empleado aquí.

—¿Os habéis vuelto locos? —exclama la cocinera al advertir la presencia del comisario—. ¡La policía está oyéndolo todo! Más valdría que se dedicase a averiguar por qué ha aparecido la estilográfica junto a la mano izquierda del conde, que no era zurdo. Y luego, que se ponga a buscar la escopeta que según el señor Toni desapareció hace tres días, y que yo misma acabo de ver en la habitación del mismo Toni.

Tenazón pone fin al guirigay con un enérgico ademán.

—Digan los señores si todos han visto el cadáver del conde en la biblioteca.

A lo que todos asienten en silencio.

—¿Y no se ha tocado nada en el escenario de los hechos? Los cinco deniegan con las cabezas.

—Entonces, ¡caso resuelto! —exclama el comisario llamando en seguida a sus agentes para que procedan.

174. Formando dados

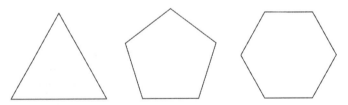

Los jugadores siempre están buscando nuevas maneras de pasar el rato, pero rara vez se inventan juegos que no estén basados en modelos conocidos. Por ello, es muy probable que el juego de los dados se mantenga vivo durante los próximos milenios. Sin embargo, los pocos intentos de crear nuevos tipos de dados son bastante interesantes. Así, no hace mucho, salió al mercado un dado en forma esférica, pero pronto quedó claro que de momento preferimos seguir jugando con el dado de toda la vida.

Sin embargo, ¿se ha parado alguna vez a pensar qué pasaría si añadiésemos algunos lados a las caras de un dado convencional?

En la ilustración aparece un hexágono regular, un pentágono también regular y un triángulo equilátero. ¿Cree usted que se podrían formar dados a partir de estas superficies? Es decir, tres dados distintos cuyas caras tengan seis, cinco y tres lados respectivamente. En caso afirmativo, ¿cuántas caras tendría cada dado?

175. Nuevos vecinos

Veinticuatro familias acaban de trasladarse a la ciudad y todas han recalado en la misma calle. Teniendo en cuenta la información que se especifica a continuación, ¿puede usted determinar la ubicación relativa del hogar de cada familia a lo largo de la calle? («A la derecha» y «a la izquierda de» se refieren a casas localizadas en el mismo lado de la calle. «Frente a» significa que una casa se ubica al otro lado de la calle y en directa oposición a otra, esto es, ambas encaradas hacia la calle.)

Los Maloney viven a la izquierda de los Mayer, los Mayfield y los Marlow, y frente a la casa de los Mahoney, quienes viven en el costado este de la calle. Los Mallete viven a la izquierda de los Marlow, los Masterson y los Mallory, que residen a la derecha de los Malone, los Maxwell y los Mayer. Los Matlock viven a la derecha de los Mayfield, que viven a la derecha de los Marsh y los Mallory.

Los Matheson viven a la derecha de los Marleau, los Martin y los Marquardt, que residen a la derecha de los Macklin y los Matsen.

Los Marshall viven a la izquierda de los Mahoney y a la derecha de los Matheson, los Marleau y los Martin. Los Mathew viven a la izquierda de los Major y los Marquardt, ya la derecha de los Matsen, que por su parte habitan a la derecha de los Macklin.

Los Malone residen a la izquierda de los Masterson, que viven a la izquierda de los Mallory, y a la derecha de los Maybury, que moran a la izquierda de los Malone y a la derecha de los Marlow. La casa de los Major está situada a la izquierda de los Martin y a la derecha de los Magnan, cuya residencia se localiza a la derecha de la de los Marquardt, que viven a la derecha de los Marsden.

Los Marleau viven a la izquierda de los Matheson y a la derecha de los Martin. A su vez los Mallete viven a la izquierda de los Marlow y a la derecha de los Maxwell, que residen a la derecha de los Mayer. Finalmente, los Marsh tienen su casa a la derecha de la de los Mallory.

176. Siluetas 2

Corta el cuadro en cuatro piezas que tengan la misma silueta. Cada silueta tiene que incluir una de las letras: A, B, C o D.

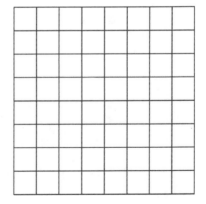

177. Cuatro cuadrados

Corta la figura en nueve partes de forma que estas nueve piezas puedan unirse y formar cuatro cuadrados perfectos, todos del mismo tamaño.

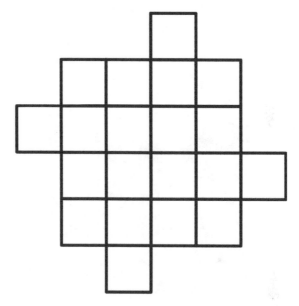

178. Entre la sartén y el fuego

Malo sería tener que elegir entre la sartén y el fuego, y una vez puestos en semejante disyuntiva, pocas veces se le concedería a uno ninguna escapatoria como la que ahora vamos a relatar.

En una ciudad medieval fue denunciada por bruja, una hermosa doncella, y entregada a la Inquisición. En la mazmorra se le mostraron los instrumentos del suplicio con los que iban a arrancarle la confesión. Pero la joven, espantada al ver aquellos horribles utensilios, perdió el valor y se acusó a sí misma de haber practicado la hechicería. Los pérfidos familiares, contrariados al verse privados de su pasatiempo, idearon un falso perdón y la invitaron a anunciar ella misma cuál iba ser su destino. Si decía mentira, sería torturada y quemada. Si decía verdad, ellos serían misericordiosos y la ahogarían en el río.

Pero ella era tan lista como hermosa, y dijo una frase que dejó totalmente paralizados a sus verdugos. ¿Cuál fue la frase salvadora?

179. La dominación de las damas

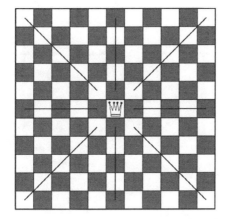

La dama es la pieza más poderosa del ajedrez puesto que se mueve y amenaza en cualquier dirección horizontal, vertical o diagonal sin ninguna limitación, excepto la de no poder saltar sobre las piezas propias.

En una tertulia de cinco damas se propuso calcular las dimensiones teóricas del tablero máximo cuyas casillas pudiesen dominar totalmente. Y les salió un tablero de 11 × 11 casillas o escaques.

¿En qué lugares de este tablero sería preciso situar las cinco damas para que amenazasen efectivamente todas las casillas del mismo?

180. Ocultar dos líneas

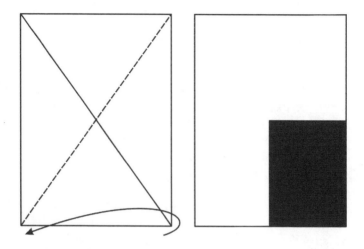

Con unos cuantos polvos mágicos, este problema se podría convertir en un truco de magia. Pero para ello debe usted preparar una tontería sin importancia.

Coja un folio DIN-A4 y trace una línea recta desde la esquina superior izquierda hasta la inferior derecha. A continuación debe darle la vuelta al folio y hacer lo mismo otra vez. De este modo obtendrá dos líneas que se cruzan en el anverso y el reverso del folio.

El problema es cómo doblar el folio hasta dejarlo en la cuarta parte de su tamaño original (es decir, DIN-A6) sin que se vea ninguna línea. ¿Puede hacerlo únicamente con pliegues horizontales y verticales?

181. ¿Quién soltó los animales del desierto del parque zoológico?

Un pequeño parque zoológico alberga animales oriundos de la región. Cuatro individuos decidieron que sería divertido soltar algunos de estos animales. Cada uno de ellos soltó un animal diferente. Los animales en cuestión fueron un gato montés, una jabalina, un puma y un coyote. Otros dos animales, una cabra montaraz y un monstruo de Gila, también fueron soltados. Los seis animales no perdieron el tiempo y de inmediato desaparecieron por las montañas.

Los cuatro culpables han sido aprehendidos y han admitido su culpa, pero se ha suscitado cierta confusión a la hora de determinar quién soltó a cada uno de los animales. Sus declaraciones figuran a continuación.

El sospechoso que soltó el gato montés hizo dos afirmaciones verdaderas y una falsa; la persona que liberó al coyote hizo una afirmación verdadera y dos falsas; mientras que quien soltó la jabalina y quien soltó el puma formulan ambos tres afirmaciones falsas.

A. 1. Yo no solté el coyote.
   2. Yo no solté la cabra montaraz.
   3. La primera afirmación de D es falsa.

B. 1. Yo no solté la jabalina.
   2. C no soltó el coyote.
   3. Yo solté el monstruo de Gila.

C. 1. Yo no solté el gato montés.
   2. Yo solté dos animales.
   3. La primera afirmación de A es falsa.

D. 1 .Yo no solté el puma.
   2. Yo solté el monstruo de Gila.
   3. Estoy de acuerdo con la tercera afirmación de B.

afirmaciones

	1	2	3	Animal soltado
A				
B				
C				
D				

182. Octagonal

Este octágono tiene un agujero octagonal en en el centro. Córtalo en ocho piezas que puedan formar una estrella de ocho puntas que también tenga un agujero octagonal.

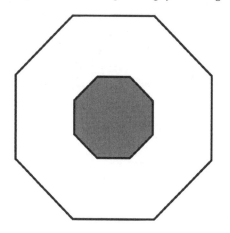

183. Conexiones 1

Escribe los números 0-9 en los círculos en blanco, de forma que para cada uno de los círculos, la suma de los números que se encuentren conectados directamente al círculo equivalga al valor correspondiente al número de ese círculo, según la lista que te damos.

Ejemplo: 1 = 14 (4 + 7 +3)
4 = 8 (7 + 1)
7 = 5 (4 + 1)
3 = 1

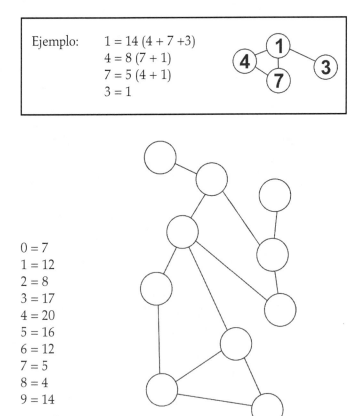

0 = 7
1 = 12
2 = 8
3 = 17
4 = 20
5 = 16
6 = 12
7 = 5
8 = 4
9 = 14

184. Transporte de valores

El abuelo Tacañón tiene todavía una cuenta pendiente con Buitrago, pero no quiere que la cobranza le origine gastos superfluos, así que prefiere esperar una oportunidad adecuada. Ésta parece presentársele cuando se entera de que Peregrino sale de gira y durante ella, debe visitar a Buitrago. Pero no conviene que Peregrino sepa que va a transportar dinero para Tacañón, y por otra parte Buitrago aún no tiene la cuenta y no sabrá qué cantidad debe poner en manos del intermediario Peregrino. Las instrucciones que Tacañón imparte a ambos resultan más complicadas que una novela policíaca, por culpa de su carácter avaro y desconfiado.

Consisten en que Peregrino llevará una carta para Buitrago en donde se dirá con exactitud a cuánto asciende la suma reclamada. Y como la deuda va a ser una cantidad comprendida entre uno y mil dólares, despreciando la moneda fraccionaria, Buitrago prepara diez sobres sellados en los que repartirá la cantidad de 1.000 dólares de manera que se pueda pagar con esos sobres cerrados cualquier suma por el procedimiento de dar cierto número de ellos al mensajero Peregrino.

Nada de esto extraña demasiado a Buitrago, pues conoce bien el carácter atrabiliario del viejo avaro. El sobre que le entrega Peregrino contiene una factura por 798 dólares. A cambio Buitrago le entrega seis sobres cerrados.

¿Cómo ha repartido Buitrago los 1.000 dólares en diez sobres para poder hacer frente a cualquier importe entre 1 y 1.000 dólares sin necesidad de abrir sobres?

185. Años enrevesados

Nochevieja del 2000. El señor Pensativo está de mal humor. Aunque hace tiempo que ha entendido por qué debía celebrarse un año más tarde el nuevo milenio, ahora le preocupa otra cuestión. Va a transcurrir mucho tiempo sin años enrevesados.

El de 1999, calcula Pensativo, habrá sido el último antes de los próximos 4 milenios cuyas cifras podían leerse del revés, en cuyo caso da 6661. En el último siglo del milenio segundo hubo 20 de tales «años enrevesados», el más notable de los cuales fue 1966. Si tomamos la diferencia entre 1996 y su enrevesado 9961 resultan 7995 «años» ocultos en el tiempo, el máximo del siglo pasado.

Lo que ahora da que pensar a Pensativo: ¿Cuál fue el año del milenio segundo que da la máxima diferencia con su enrevesado? Pero antes de permitir que este enigma nos absorba durante los próximos cuatro mil años, adelantemos este otro: ¿Cuál es el año, o mejor dicho, los dos años (desde comienzos de la era cristiana) que dan la diferencia mínima con sus enrevesados?

186. Cuadrados en blanco y negro

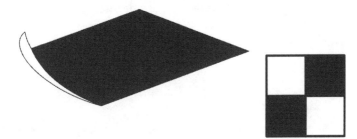

Un jugador de ajedrez apasionado, como lo describe Stefan Zweig en su novela en torno al ajedrez, sabe jugar incluso sin tablero ni figuras. Naturalmente, jugar mentalmente no es cosa que esté al alcance de todos, y por ello, a muchos ajedrecistas les vienen las ideas más absurdas para conseguir tablero y figuras en situaciones de emergencia. Sólo necesitan un lápiz y una hoja de papel para fabricar sin dificultad cuatro escaques de un tablero de ajedrez. El modo de conseguirlo, debe usted descubrirlo por su cuenta.

Para la preparación del ejercicio, sombree una cara de un folio DIN-A4 con un lápiz. Luego intente doblar el folio de modo que obtenga una zona cuadriculada en ambas caras que, como muestra el dibujo, se compone de dos cuadrados blancos y dos negros desplazados en diagonal.

187. Sustracción, cuatro dígitos desconocidos

Cada una de las letras del rompecabezas que se propone representa al mismo número allí donde aparece en el problema matemático (por encima de la línea). Cuando una letra aparece en la respuesta al problema (por debajo de la línea) representa a un número distinto al que representa esa misma letra por encima de la línea. Los cuatro dígitos son desconocidos.

	A	B	A	A	C
−	A	C	C	A	A
	A	A	B	C	

¿A qué dígito o dígitos representa cada letra?

188. Rejilla

Esta rejilla tiene tres cuadrados marcados con las letras A, B y C, y otros tres numerados 1, 2 y 3.

Cada uno de los nueve cuadrados interiores, desde 1A hasta 3C, deben incluir todas las líneas que hay en el cuadrado de la misma letra, inmediatamente encima, y las que hay en el cuadrado del mismo número, inmediatamente a la izquierda.

Uno de los nueve cuadrados interiores es incorrecto. ¿Cuál?

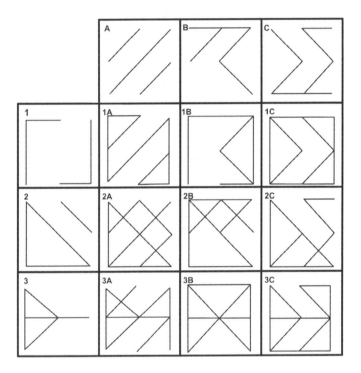

189. Conexiones 2

Introduce los números del 0 al 12 en los círculos en blanco de tal forma que, para cada círculo, la suma de los números en los círculos directamente conectados a éste sea igual al valor que corresponde a cada número 0-12 según la lista.

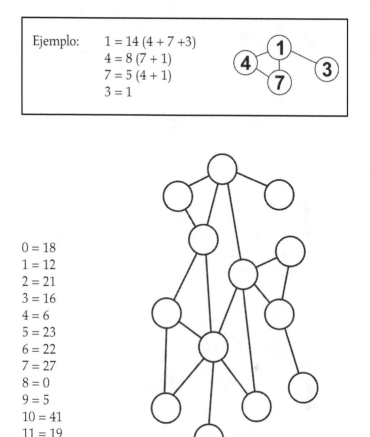

Ejemplo: 1 = 14 (4 + 7 +3)
          4 = 8 (7 + 1)
          7 = 5 (4 + 1)
          3 = 1

0 = 18
1 = 12
2 = 21
3 = 16
4 = 6
5 = 23
6 = 22
7 = 27
8 = 0
9 = 5
10 = 41
11 = 19
12 = 10

190. A cara o cruz

Una vez más Manolarga se vio en la ruina y pensó proponer una apuesta a Buitrago para aliviar su lamentable situación económica. Después de los obligados saludos y tras muchos circunloquios introductorios, consiguió persuadirlo y planteó el juego siguiente:

—Aquí pongo siete monedas, mi querido Buitrago, todas puestas de cara. A continuación voy a darles la vuelta de dos en dos, y las pondré todas de cruz. Tú fíjate bien, pero te apuesto lo que quieras a que no lo consigues.

Con su habilidad de trilero, Manolarga va dando vueltas a las monedas de dos en dos. Unas veces toma dos monedas contiguas, y otras veces da la vuelta a dos monedas separadas. Hasta que consigue volverlas todas de cruz. Cuando le toca el turno a Buitrago, éste lo intenta de mil maneras, pero nunca logra repetir la proeza del falso amigo. ¿En qué consiste su error?

191. El castillo de los fantasmas

Elena Prodigiosa y Crisóforo Millonetis se han retirado a un castillo de Escocia para disfrutar la luna de miel. Pero ese castillo, como es obligado, tiene fantasmas y la ansiada intimidad no se produce. Cinco son los espectros que agitan sus cadenas todas las noches y cuyas cabezas ruedan por los pasillos, lo cual resulta no poco desagradable de ver. Son Princess, Countess, Duke, Lord y Earl. Pero entonces Elena pronuncia un poderoso conjuro y los encierra en las mazmorras de la torre.

Los lamentos nocturnos continúan, sin embargo, porque Elena no ha colocado a ninguno de los fantasmas en el reducto que le correspondía. Se impone una mudanza, pero hay que evitar que se reúnan dos espectros en ninguna estancia porque entonces ellos y los demás conseguirían escapar de nuevo.

Desde la galería de la torre se pueden maniobrar las pesadas cancelas de una en una. Con un poco de habilidad, Elena logra transferirlos a sus lugares mediante sólo cuatro mudan-

zas y evitando que ninguno de ellos entre en contacto con otro. En la figura se ve un plano de la torre y de sus cancelas. Hay cuatro puertas que comunican las celdas. Hay dos celdas que no comunican la una con la otra. Y hay tres celdas que tienen comunicación con la galería central, donde no existe escapatoria. Antes de la mudanza, los fantasmas tenían la distribución siguiente:

1. La Countess en la celda de la Princess.
2. El Lord en la celda del Duke.
3. El Earl en la celda de la Countess.
4. El Duke en la celda del Earl.
5. La Princess en la celda del Lord.

¿Cómo llevar los cinco fantasmas a las mazmorras que les corresponden para que acaben los lamentos nocturnos?

192. Rompecabezas de un solo trazo

Dibujar estructuras y formas de un solo trazo no es ni mucho menos un juego de niños. Así, a lo largo de los siglos, muchos artistas han estado ocupados diseñando formas y nudos enrevesados que se puedan obtener de un único hilo. Esta tradición está relacionada en cierto modo con la idea del laberinto. El extraordinario sentido espacial que requiere el desarrollo de estas estructuras hifadas, lo podrá comprobar descifrando las sencillas figuras que aquí se muestran pues todas ellas se pueden dibujar de un único trazo y sin la necesidad de trazar una línea más de una vez.

193. Ladrones en el vecindario

Se ha producido una serie de robos en el vecindario y seis de los vecinos han optado por adquirir seis canes, con la clara intención de convertirlos en sus perros guardianes. Por alguna razón, cada uno de los seis vecinos decidió bautizar a su perro con el nombre de uno de sus vecinos, si bien no hay dos perros cuyos nombres coincidan con los de un mismo vecino. Además, finalmente resulta que uno de los seis vecinos es el ladrón.

Apoyándose en los argumentos que se relatan a continuación, determine qué perro pertenece a cada uno de los vecinos, y quién es el ladrón.

perros

	Marion	Martin	Martin	Maurice	Melville	Milton	Moriarty
Marion							
Martin							
Maurice							
Melville							
Milton							
Moriarty							

propietarios

1. El perro llamado Moriarty pertenece al propietario cuyo tocayo es el perro de Milton.
2. El perro que se llama Marion pertenece al propietario cuyo tocayo pertenece a Melville.
3. El perro de Milton no se llama Maurice ni Martin.
4. El perro llamado Martin pertenece al propietario cuyo tocayo pertenece al propietario cuyo tocayo pertenece al ladrón.
5. El perro llamado Melville pertenece al propietario cuyo tocayo pertenece a Martin.

6. El perro de Milton es el tocayo del propietario del perro que es tocayo del propietario del perro llamado Marion.

194. El experimento hexagonal

Esperemos que tu mente trabaje exactamente del mismo modo que la nuestra en este problema.

Siguiendo la reglas de fondo ya establecidas, ¿puedes llenar todas las secciones en blanco con los símbolos correctos?

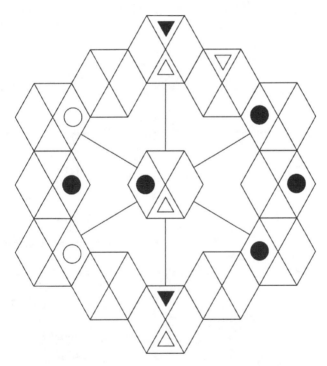

195. Fábrica

En una fábrica había 149 trabajadores.
6 de ellos llevaban allí menos de un año.
19 tenían menos de 30 años.
78 llevaban gafas.
102 eran hombres.

¿Cuál es el mínimo número de trabajadores que llevaban un año o más, tenían por lo menos 30 años, llevaban gafas y eran hombres?

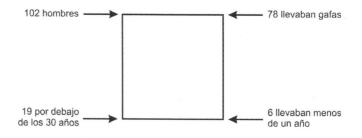

102 hombres → [ ] ← 78 llevaban gafas

19 por debajo de los 30 años → [ ] ← 6 llevaban menos de un año

196. Protocolo

En una excursión de empresa, la camarilla de la señora Despierta ocupa toda la primera fila del *vaporetto*, pero las mujeres se han sentado aparte de los hombres y, si bien esto favorece el intercambio de chismes, no es bueno para la animación de la salida. Despierta les propone que cambien de lugar, y para evitar que vuelvan a reunirse las mismas personas, organiza un juego. Que las personas que estaban juntas se levanten de dos en dos y busquen nuevos asientos, pero sin limitarse a permutar las posiciones: quien estuviese a la derecha debe continuar a la derecha, y viceversa. El juego terminará cuando hombres y mujeres ocupen asientos alternos. Pero el movimiento dura más de lo que había previsto la señora Despierta. Ella creyó que bastarían cuatro movidas para el cambio de asientos.

¿Cómo se conseguiría eso?

197. Cruces recortadas

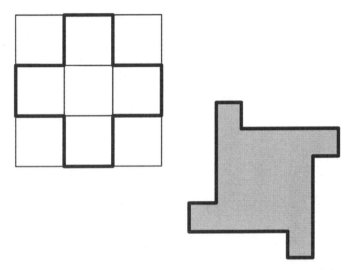

En realidad es fácil plegar una hoja cuadrada de papel de manera que se obtenga, con un solo corte rectilíneo de tijeras, una cruz griega como la de la figura.
La figura que está a la derecha de la cruz representa el otro desafío que le proponemos. Se trata de plegar la cruz de tal manera que con un solo corte de tijeras se obtengan dos trozos iguales, los cuales pueden juntarse luego de manera que se obtenga la figura en cuestión.

198. Demasiado listillo

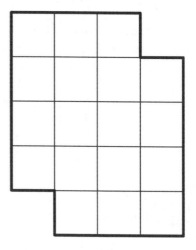

No sabemos en qué debía estar pensando el maestro cuando le puso delante esta tabla a Listillo y le propuso la siguiente tarea: «Debes serrar esta tabla a lo largo de los cuadrados en dos partes iguales». Cuando Listillo se disponía a serrar la tabla según las indicaciones del maestro, se dio cuenta de que había más de una solución posible. Para ser exactos, había 21 soluciones distintas, de modo que por primera vez, incluso un «listillo» como él estaba indeciso.

Intente descubrir las 21 maneras que Listillo vio que podía utilizar para cortar la tabla en dos partes iguales. Para resolver más fácilmente el problema, copie el dibujo varias veces en papel cuadriculado. Así será más sencillo encontrar las 21 variantes.

199. Concurso de la tala de madera

Al final del otoño, los ciudadanos conocidos como las gentes del bosque organizan su concurso anual de la tala de madera, cuyo fin no es otro que la obtención del combustible que emplearán durante el invierno. Cada participante es clasificado en función de la cantidad de madera que ha conseguido talar. En esta temporada en particular compiten doce ciudadanos del bosque. Teniendo en cuenta la información que se suministra, elabore una lista ordenada de los nueve concursantes, de mayor a menor según la cantidad de madera talada.

Evum taló más madera que Estum, Deum, Eskum y Ensum, y menos que Egum, Elfum, Efrum y Ekum. Ekum taló menos madera que Epum, y más que Esum, Eskum y Ebum. Egum taló más madera que Epum, quien a su vez taló más que Elfum, Estum y Evum.

Eskum taló más que Ensum, quien taló menos madera que Esum, Evum y Ebum. Ebum taló menos madera que Estum y Edum. Edum taló menos que Esum. Elfum taló más madera que Efrum, quien taló más que Ekum y Evum. Evum taló más madera que Esum, quien taló menos que Estum, quien a su vez taló más que Ebum, quien por su parte taló más madera que Eskum y menos que Edum.

200. Círculos y triángulos

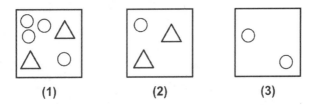

(1)   (2)   (3)

¿Cuál de estas casillas de abajo completaría la secuencia de arriba?

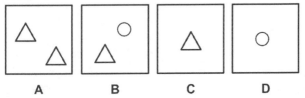

A   B   C   D

201. Salvados del poste de los tormentos

En el viejo Oeste americano se cambiaba de bando como de camisa. Así fue como los tres granujas Aaron, Bill y Carl, proveedores habituales de agua de fuego para el gran jefe Mano Larga, entraron a sueldo de los «okupas» blancos para incendiar el campamento pielroja. Pero los guerreros de la tribu los atraparon con las manos en la masa y los hicieron prisioneros. Atados a los postes presenciaron el debate de los ancianos sobre el castigo que iba a infligírseles. Tras larga discusión se les acercó Mano Larga y les anunció el veredicto:

—El consejo de los ancianos os ha condenado a muerte, pero en atención a la vieja amistad que nos une, no será en seguida, sino que os daremos tormento durante treinta días.
Hizo una pausa y prosiguió:

—No obstante, en recuerdo de esa misma amistad he logrado que os sea concedida una gracia. Aquí tengo tres plumas negras y dos blancas —levantó la mano mostrándolas—.

Voy a poner una de estas plumas en cada uno de vuestros sombreros. El que acierte el color de la pluma que lleva en el sombrero será puesto en libertad y podrá marcharse adonde quiera.

Dicho y hecho, acercándose por detrás prendió en el sombrero de Aaron una pluma negra y en los de Bill y Carl sendas plumas blancas.

Los tres granujas se pusieron a reflexionar febrilmente para tratar de salvar la vida. Una circunstancia los ayudó, y fue que estaban atados de manera que cada uno podía ver la pluma que llevaban los otros dos. Y como no sólo eran unos grandes granujas sino también muy astutos, al igual que el mismo jefe Mano Larga, al cabo de un rato de silencio todos supieron de qué color era la pluma que llevaban, siendo Aarón el último en hablar.

202. Tres ladrillos

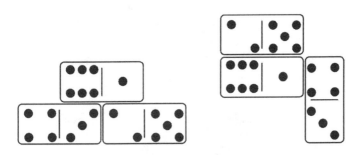

Después de verse humillado por Despierta que descubrió sus trampas al dominó, Raposo intenta la revancha proponiendo un acertijo. Con tres fichas de dominó compone unas figuras sobre la mesa y afectando ingenuidad comenta:

—Imagine usted, doña Despierta, que estas tres fichas fuesen ladrillos. ¿De cuántas maneras distintas podrían colocarse en una pared, suponiendo que deban quedar contiguas por los lados ancho o estrecho, y puedan recubrirse hasta la mitad como las fichas del dominó. Sin contar las figuras simétricas de las soluciones halladas, naturalmente.

Si Raposo creyó que con esto desafiaba a la señora Despierta, andaba bien equivocado. Porque ella reflexionó un poco, jugueteó con las tres piezas y dijo... ¿Qué sería lo que dijo? ¿Cuántas variaciones pueden componerse con tres ladrillos? ¿Serán 20, 24 o incluso 26 variantes? En la figura pueden verse dos de las posiciones válidas.

203. El plan de batalla del cocinero

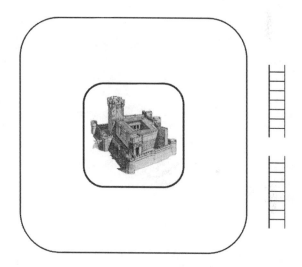

Al eminente caballero Terroba no le quedaba ni una moneda en su cofre, así que decidió desplumar el tesoro de su vecino, el caballero Forrado. Sin embargo, no tenía el equipamiento necesario para salvar el gran foso que protegía el castillo de los Forrado. Tan solo disponía de dos escaleras que guardaba en el trastero. Pero ninguna de las escaleras bastaba para salvar el foso. Después de darle muchas vueltas, el señor Terroba no pudo encontrar la manera de pasar sobre el foso y llegar hasta el castillo de los Forrado sano y salvo. Cuando el cocinero se enteró, se limitó a sonreír: él sabía cómo llegar hasta el castillo; sólo necesitaría las dos escaleras. A cambio de una justa participación en el botín, le desvelaría la solución a su señor. El señor Terroba aceptó el trato y, después de una exitosa correría, compartió los tesoros del caballero con su cocinero tal como habían acordado.

En el dibujo se muestran la disposición del foso y las escaleras. ¿Cuál era el plan del cocinero?

204. Secuencia de rayos

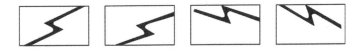

¿Cuál de estas opciones continuaría la secuencia de arriba?

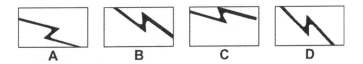

205. Jugando a cartas

El hombre A le dijo al hombre B: «Cojamos una carta cada uno, los dos al mismo tiempo, de la baraja de 52 cartas, y apuesto 50 euros a que no sacas una carta más alta que la mía. Apostemos lo mismo. El as es la más alta.»

¿Es esta apuesta justa para el hombre B?

206. Carta estelar

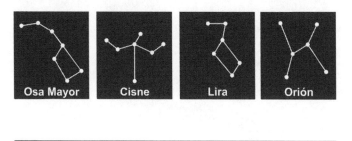

Osa Mayor Cisne Lira Orión

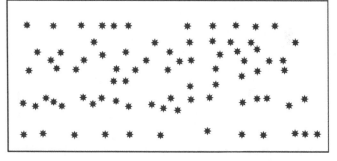

Cuando contemplamos el cielo estrellado podemos buscar figuras de nuestra propia invención, o tal vez atenernos a las constelaciones que desde hace milenios inspiran la fantasía de los humanos. En la carta estelar de la parte inferior se ocultan cuatro constelaciones clásicas, ¿sabría usted descubrirlas?

207. Código de cartas

Cuando el astuto Piedeliebre le hubo sacado hasta el último céntimo al honrado Pensativo en el juego del «siete y medio», el perdedor caviló vengarse y mientras Piedeliebre, espléndido como siempre, invitaba a una tercera ronda, le propuso el juego siguiente con el que pensaba resarcirse de sus pérdidas.

Descarta cuatro naipes sobre la mesa, dos tapados y dos descubiertos, que son un jack y un diez.

—¿Qué te parece, Piedeliebre? ¿Cuántos puntos reúne esta mano si los ases cuentan por 1 punto, los jack por 2, las reinas por 3 y el rey por 4, y todas las demás cartas la cifra que llevan?

Piedeliebre contempla los naipes y replica:

—¿Cómo quieres que lo sepa si dos de las cuatro cartas están tapadas?

—Mira —contesta Pensativo—. Te echo una mano auxiliar. y saca de nuevo cuatro cartas, dos abiertas y dos tapadas.

—Sólo te diré cuántos puntos más o menos que la primera mano vale la auxiliar, y luego te echo más manos auxiliares, tantas como quieras.

Al ver la tercera mano auxiliar, Piedeliebre acierta exactamente el total de la primera mano y Pensativo se convence de que tampoco este juego le servirá para sacarle los cuartos del bolsillo a su adversario.

¿Usted también le habría ganado la apuesta a Pensativo? Éstas son las tres manos auxiliares que salieron:

1.ª mano auxiliar: un 9 y un 7 vistos, se declara que el total vale 7 puntos menos que el valor buscado.

2.ª mano auxiliar: un as y un 10 vistos, se declara que el total vale 6 puntos menos que el valor buscado.

3.ª mano auxiliar: un 10 y un rey vistos, se declara que el total vale 8 puntos más que el valor buscado.

208. Encuadernando libros

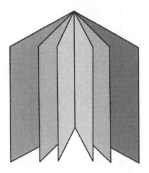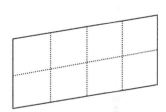

Si alguna vez ha observado las planchas de imprenta de un libro, quizá se haya preguntado cómo puede ser que al final se obtenga un libro con las páginas numéricamente bien ordenadas a partir de unas planchas numeradas de manera extraña. Ahora bien, para un encuadernador este misterio se desvela, como muy tarde, al tercer año de aprendizaje. Esperemos que usted no necesite tanto tiempo para resolver el siguiente rompecabezas.

Doble un folio DIN-A4 tres veces por la mitad y obtendrá una carta de formato DIN-A7. ¿Cómo tiene que dividir un folio DIN-A4, previamente marcados los pliegues en la manera descrita, para formar un cuadernillo DIN-A7 de doce páginas?

Al contrario que el encuadernador, usted no puede utilizar ni engrudo ni cordón. El único instrumento permitido son las tijeras.

209. Los pendones de los vencedores

Los pendones y estandartes de los vencedores en anteriores ediciones de la carrera anual de carros de Hiperbórea se exhiben en un lugar prominente situado en la entrada del estadio deportivo. Cada uno de los dieciséis pendones presenta dos colores. A partir de la información que se proporciona más abajo, ¿puede usted determinar la ubicación de cada pendón en el panel de exhibición? («A la derecha de» o «a la izquierda de» se refieren a una misma hilera, mientras que «arriba» o «debajo» implican la situación en una misma columna.)

El pendón borgoña y gris está debajo del rojo y verde esmeralda y sobre el pendón color verde jade y oro y el pendón que presenta rojo sobre un fondo blanco, que a su vez se ubica a la derecha del azul celeste y color plateado así como también a la derecha del color crema sobre verde aceituna.

El pendón azul celeste y plateado está debajo del plateado sobre negro y a la izquierda del pendón color carbón y anaranjado y del pendón en blanco y negro, que se sitúa a la derecha del rojo sobre blanco, que por su parte está ubicado encima del que presenta los colores verde jade y oro. El pendón dorado sobre azul real se encuentra a la derecha del verde jade y oro, el amarillo sobre marrón castaño, el bronce sobre crema y el pendón azul pálido y crema.

El pendón verde bosque sobre dorado está a la izquierda del verde jade y oro, el amarillo sobre marrón castaño y el cobre sobre amarillo, que se ubica bajo el crema sobre verde aceituna, que por su parte aparece a la izquierda del pendón azul celeste sobre color plateado, el rojo sobre blanco y el pendón en blanco y negro, que puede apreciarse sobre el azul pálido y crema, que a su vez distinguimos a la derecha del estandarte verde jade y oro, que se halla a la derecha del cobre sobre amarillo. El pendón amarillo sobre marrón castaño está a la izquierda del pendón verde jade y oro.

El verde aceituna sobre amarillo se halla por encima del pendón en blanco y negro, que está a la izquierda del color carbón sobre anaranjado, que por su parte está sobre el de color bronce sobre crema, que se sitúa a la izquierda del dorado sobre azul real, y a la derecha del pendón azul pálido y crema así como del amarillo sobre marrón castaño, que está situado debajo del estandarte azul celeste y plata, que por su parte aparece a la izquierda del pendón rojo sobre blanco.

Glosario

Binario

Un sistema numérico utilizado en ordenadores, utilizando dos enteros, 0 y 1; p. ej. 8 = 1000.

Cuadrado Mágico

Cada fila, cada columna y cada una de las dos diagonales suman una misma cantidad.

Dodecaedro

Una figura sólida de 12 caras.

Duodecimal

Un sistema numérico con base 12.

Factorial

Se expresa con !. Por ejemplo, $4! = 4 \times 3 \times 2 \times 1 = 24$.

Fibonacci

La secuencia numérica: 0, 1, 1, 2, 3, 5, 8, 13, 21, 34, 55, 89, etc., en la que cada número se obtiene sumando los dos anteriores.

Heptagonal

Puntos dispuestos heptagonalmente alrededor de un punto central.

Es decir,
primero 1,
segundo 7,
tercero 18.

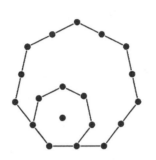

Hexadecimal

Un sistema numérico de base 16, utilizado en ordenadores. A los números 0-9 se añade las seis letras A-F.

Icosaedro

Una figura sólida de 20 caras.

Número automórfico

Un número cuadrado que termina en 105 mismos dígitos, p. ej.: $76^2 = 5776$.

Número cuadrado

Un número multiplicado por sí mismo; p. ej. 4 × 4 se escribe 42 y se llama 4 al cuadrado. $4^2 = 16$, $5^2 = 25$, etc.

Número cúbico

Un número multiplicado por sí mismo dos veces;
p. ej. $2 \times 2 \times 2$ se escribe 2^3 y se llama 2 al cubo. $2^3 = 8$.

Número hexagonal

Puntos dispuestos hexagonalmente alrededor de un punto
central.

Es decir,
primero 1,
segundo 6,
tercero 15.

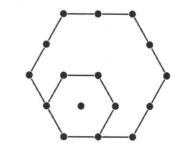

Número Mersenne

Se obtienen como, por ejemplo, el quinto = 31 = 25 - 1

Número octogonal

Puntos dispuestos octogonalmente alrededor de un punto
central.
Es decir,
primero 1,
segundo 8,
tercero 21.

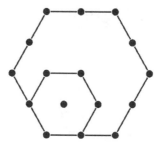

Número palíndromo

Se lee igual del derecho que del revés, p. ej. 121.

Número pentagonal

Puntos dispuestos pentagonalmente alrededor de un punto central.

Número perfecto

Un número que equivale a la suma de sus partes alícuotas, es decir, sus divisores excepto él mismo. Por ejemplo el 6, los divisores del cual son 1, 2, 3.

Número primo

Un número mayor que 1, que no tiene más factores que 1 y él mismo.

Números piramidales

Números dispuestos en forma de pirámide. Si se amontonan unas bolas en una base cuadrada, cada estrato tendrá un número distinto de bolas.

Números triangulares

Números dispuestos de forma triangular formando una única capa. Es decir, primero 1, segundo 3 tercero 6, cuarto 10.

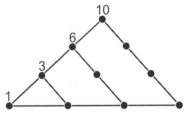

Recíproco

1 dividido por un número.

Sexadecimal

Un sistema de numeración con base 60.

Tetraédrico

Bolas dispuestas en estratos, en forma triangular.

Trimórfico

Un número el cubo del cual termine en los mismos dígitos; por ejemplo, $49^3 = 117649$.

Respuestas

1. Siluetas 1

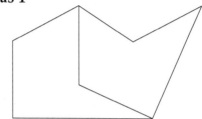

2. Velocidad media

4,8 km/h.
Digamos que el trayecto era de 6 kilómetros la ida o la vuelta. A 6 km/h, corriendo, tardaría 1 hora; y de vuelta, andando, tardaría 1 hora y media.

3. Pirámides a pintar

4. Parentescos

El retrato representa a una hija del señor Pensativo.

5. De cuatro haz tres

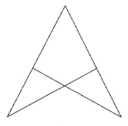

6. Robo en el supermercado

Consideraciones

Considere que la declaración del culpable es verdadera y que las otras dos son falsas.

Suponga que A es el culpable. En caso de ser así, la declaración de A debe ser cierta, lo cual convierte a B en el culpable. Por lo tanto, A no es el ladrón.

Suponga que B lo hizo. Sin embargo, dado que sólo hay una declaración verdadera, la declaración de B, que la declaración de A sea cierta nos proporciona dos declaraciones verdaderas. Por consiguiente, B es inocente. Así las cosas, la declaración de C según la cual la declaración de A es falsa es totalmente cierta. Y, por ende, C es el culpable.

Solución abreviada

C es el ladrón.

7. Puntos

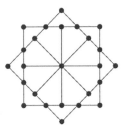

8. Hija

Yo tengo 40 años. Mi hija 10.

9. Teresa y Eusebio

Cuatro chicos y tres chicas.

10. Triángulo mágico

El número mágico del triángulo izquierdo es el máximo, 23.
El triángulo derecho da el número mágico más pequeño, 13.

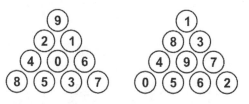

11. La cuadratura de la espiral

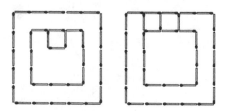

La ilustración 1 muestra la solución para tres cuadrados. En
la ilustración 2 aparecen cuatro cuadrados.

12. Empujón en la fiesta junto a la piscina

Consideraciones
Considere que sólo uno de los cuatro sospechosos dice la
verdad.

Suponga que la afirmación de A es completamente falsa. En caso de ser así, ni B ni C son culpables. Por lo tanto, el culpable debe ser A o D. En todo caso, sin más información nos es imposible determinar cuál de ellos es el culpable. En consecuencia, la afirmación de A es la correcta. C o B, uno de los dos es quien lo hizo. La afirmación de B debe ser falsa. Así pues, C es el culpable.

Solución abreviada
C lo hizo.

13. Símbolos 1

D.

14. Ovejas y cerdos

Una oveja cuesta 400 euros y un cerdo 800.
3 ovejas – 2 cerdos = 400 euros (A).
2 ovejas – 1 cerdo = 0 euros (B).
Multiplica (B) por 2:
4 ovejas – 2 cerdos = 0 euros (C)
Luego (C) – (A) da 1 oveja = 400 euros.
Sustituye en (B):
800 euros – 1 cerdo = 0 euros.
Por tanto, 1 cerdo = 800 euros.

15. El vagabundo

Ocho.

16. Otra de edades

El tío tiene 30 años y el sobrino 20.

17. Una visión en negativo

Esta tabla muestra las correspondencias entre las figuras blancas y negras.

18. ¿Quién puso la serpiente de cascabel en el garaje de Henry?

Consideraciones

Considere que todas las afirmaciones son verdaderas a excepción de aquéllas en las que se menciona directamente al culpable. Suponga que B es el culpable. De ser así, la primera declaración de B debe ser cierta. Con ella asegura que la primera declaración de A, esto es, que C no es el culpable, es falsa. Puesto que sólo existe un culpable, B es inocente.

Suponga que C es el culpable. En ese caso, la segunda declaración de B confirma la primera afirmación de C. Si C fuera el culpable, la segunda declaración de B, que hace referencia directa a C, negaría la veracidad de la primera declaración de C. Por lo tanto, C no es el culpable.

En consecuencia, A es el culpable. La primera declaración de B y la segunda declaración de C son ambas falsas.

Solución abreviada: A lo hizo.

19. Cuadrados 1

14 cuadrados.

20. La carrera

El hombre A gana de nuevo.
Sabemos por la primera carrera que el hombre A corre 100 metros en el mismo tiempo que el hombre B corre 90. De este modo, puesto que el hombre A empieza 10 metros detrás de la línea, los hombres estarán a la misma altura cuando falten 10 metros para llegar. Si el hombre A es el corredor más rápido, acaba adelantando al hombre B en los últimos 10 metros y gana la carrera.

21. Escritura mágica

1. Para el número 1.000 doblamos un borde del papel y dibujamos luego el trazo tal como indica la ilustración. Luego desplegamos el papel, y tenemos ahí el número pedido.

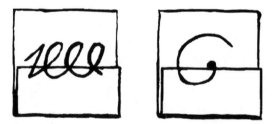

2. El procedimiento para la circunferencia es similar; doblamos el papel, marcamos el punto central junto al borde y luego continuamos el trazo hasta hallar el lugar donde vamos a empezar la circunferencia. Cuando el lápiz haya pasado el borde plegado, desdoblamos el papel sin levantar el lápiz y continuamos la circunferencia.

22. Gatomaquia

Son 380 pies y 100 cabezas. Suponiendo que éstas fuesen todas de gatos, totalizarían 400 pies. En cuyo supuesto sobran 20 pies y éstos son los que se deben asignar a los humanos y restar el número de cabezas de gatos el correspondiente número de cabezas humanas. De donde resulta que son 10 criadores y 90 gatos los que han acudido a la exposición.

23. La tarea de toda una vida para conductores testarudos

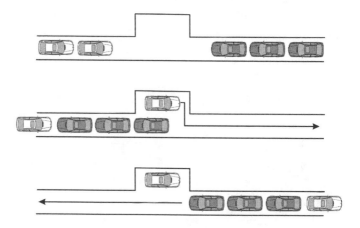

Con estas tres maniobras se resuelve el conflicto.

24. ¿Quién es el ratero?

Consideraciones
Considere que el culpable formula tres declaraciones falsas, uno de los sospechosos restantes hace dos declaraciones verdaderas y una falsa, y el que resta hace una declaración verdadera y dos falsas.

Las declaraciones primera y tercera de A se contradicen; una es verdadera y la otra es falsa. Por lo tanto, A no puede ser el sospechoso culpable.

Suponga que C es el culpable. En ese supuesto, A debe ser el sospechoso que pronunció dos declaraciones verdaderas y una falsa, y B debe ser el que pronunció una declaración verdadera y dos falsas. Sin embargo, la tercera declaración de B sería cierta, siendo así que las declaraciones primera y segunda de B entran en contradicción con las declaraciones primera y tercera de C. Una de las dos declaraciones de B debe pues ser cierta y la restante falsa. Por lo tanto, una de las dos declaraciones de C debe ser falsa y la otra verdadera. Por consiguiente, C es inocente.

Vistas así las cosas, B es el culpable. A ha formulado una declaración verdadera y dos falsas. C ha hecho dos declaraciones verdaderas y una falsa. y las tres declaraciones de B son falsas.

Solución abreviada: B es el culpable.

25. La discordante 1

C.

A es la misma que D.
B es la misma que G.
E es la misma que F.

26. Silos

Hay dos soluciones posibles (en miles de litros):

		A	B	C	A	B	C
Situación inicial		8	0	0	8	0	0
Operación	1	3	5	0	5	0	3
	2	3	2	3	5	3	0
	3	6	2	0	2	3	3
	4	6	0	2	2	5	1
	5	1	5	2	7	0	1
	6	1	4	3	7	1	0
	7	4	4	0	4	1	3
	8				4	4	0

27. Derecha o izquierda

La pregunta que se la formulado a Céspedes no tiene respuesta, ya que el sentido de giro del planeta depende exclusivamente de la posición relativa del observador. En la esfera terrestre, por ejemplo, para nosotros, los habitantes del hemisferio norte, la Tierra gira alrededor del Sol de izquierda a derecha; en cambio, un neozelandés diría haber observado el fenómeno contrario.

28. La piscina de Muchaplata

15 horas.
En una hora el primer surtidor llena 1/30 de piscina; el segundo 1/40 y el tercero 1/120 (por las horas que hay en cinco días. Sumando los tres caudales da 8/120 = 1/15 de piscina a la hora.

29. Juego de anillas

Sólo se puede soltar la anilla negra. Las demás se bloquean mutuamente.

30. Sustracción, tres dígitos

Consideraciones
Los dígitos son 0, 4 y 8.

	(3)	(2)	(1)
	A	C	A
−	C	C	C
	C	B	C

Por deducción lógica en la columna (2) B debe ser 0. Esto deja dos números disponibles: el 4 y el 8. Por tanto, en las columnas (1) y (3), A debe ser 8 y C es 4.

Solución abreviada

A	B	C
8	0	4

	8	4	8
−	4	4	4
	4	0	4

31. Círculos

C.

Horizontalmente, el número de círculos de la casilla de la derecha viene dado por la multiplicación del número de círculos de las dos casillas que quedan a la izquierda.

Verticalmente, el número de círculos de la casilla de abajo viene dado por la división del número de círculos de la casilla del medio por el número de círculos de la casilla de arriba.

32. Secuencia 1

255

Son horas (sin los dos puntos), y se añaden 15 minutos cada vez:

1:55, 2:10, 2:25, 2:40, 2:55

33. La rana obstinada

28 días.

34. ¿Suicidio o asesinato?

Para ahorcarse el hombre se subió a un bloque de hielo; más tarde, el hielo se fundió y quedó el charco de agua.

35. Un dado defectuoso

El tres aparece repetido dos veces. Uno está en la cara opuesta al cinco y el otro está en la opuesta al cuatro.

36. Adición, cinco dígitos

Consideraciones
Los dígitos disponibles son el 1, 2, 3 el 4 y el 5.

	(3)	(2)	(1)
	A	A	E
+	E	A	C
	B	D	D

En las columnas (1) y (2), dados los dígitos que tenemos a nuestra disposición, la única posibilidad para D es el 4. Por tanto, en la columna (2) A es igual a 2. Y en la columna (3), B debe ser el 5 y E debe ser el 3. En consecuencia, C es el 1.

Solución abreviada
A	B	C	D
2	5	1	4

	2	2	3
+	3	2	1
	5	4	4

37. Rastro

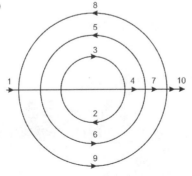

180

38. Campeonatos de fútbol

$$\frac{52 \times 51 \times 50 \times 49 \times 48 \times 47 \times 46 \times 45}{1 \times 2 \times 3 \times 4 \times 5 \times 6 \times 7 \times 8}$$

O, escrito de forma más corta con factoriales:

$$\frac{52!-44}{8!} = 752538150$$

39. Triángulos

13 triángulos.

40. Adición, ocho dígitos

Consideraciones
Los dígitos disponibles son 0, 1, 2, 3, 4, 5, 6 y 7.

	(5)	(4)	(3)	(2)	(1)
	C	D	A	F	C
+	C	D	C	B	H
H	E	C	E	G	F

C, en la columna (5), debe ser el 5, el 6 o el 7, puesto que llevamos 1 procedente de la suma de C + C; y H, que representa precisamente la decena, por deducción lógica debe ser el 1. Dado que sabemos que H es igual 1, F, esto es, la suma de C + H en la columna (1), debe ser igual a C + 1. Por consiguiente, F debe ser igual a 7 o 6, y C debe ser igual a 5 o 6. A, en la columna (3), debe ser igual a C – 1, puesto que la suma de A + C, más la unidad que podamos arrastrar es igual a C + C + la unidad posible, en la columna (5). D, en la columna (4), debe ser 2 o 3, dado que la suma de D + D + la posible unidad que arrastremos de la columna (3) es igual a C.

Si C es el 6, A es el 5, F es el 7, y D es el 3. Sin embargo, en la columna (3), A + C requeriría llevar la unidad a la columna (4), lo cual convertiría a C en el número 7. Así las cosas, C debe ser 5, A es 4 y F es 6. Por lo tanto, E es el O [la suma de C + C, en la columna (5)]. Así, D es el número 2. Y las dos letras restantes, la B y la G, son el 7 y el 3 respectivamente, puesto que, ahora en la columna (2), F (6) + B (7) es igual a G (3), más la unidad que llevamos a la columna (4).

Solución abreviada

A	B	C	D	E	F	G	H
4	7	5	2	0	6	3	1

```
      5   2   4   6   5
  +   5   2   5   7   1
  ─────────────────────
  1   0   5   0   3   6
```

41. La discordante 2

E.

A es la misma que G.
B es la misma que C.
D es la misma que F.

42. Avanzar y retroceder

15 kilómetros.
El hombre camina 10 kilómetros a 4 km/h, con lo que tarda 2 horas y media. Por lo tanto, el perro corre 2 horas y media a 6 km/h y recorre 15 kilómetros.

43. Sustracción, cuatro dígitos de nuevo

Consideraciones
Los dígitos disponibles son 0, 1, 2 y 3.

(3)	(2)	(1)
B	B	A
− A	C	A
A	B	C

En las columnas (1) y (2), C por debajo de la línea es 0. Por consiguiente, C por encima de la línea es igual a 1. Dados los números que tenemos a nuestra disposición, B por encima de la línea es 3, y B por debajo es 2. A encima de la línea es 2 y A bajo ella es 1.

Solución abreviada

A	B	C
2	3	1
1	2	0

	3	2	2
−	2	1	2
	1	1	0

44. La baldosa que falta

H.

Tanto horizontal como verticalmente, tan sólo las figuras que no aparecen en los dos cuadrados son trasladadas al cuadrado final. Todas las que aparecen en ambos cuadrados no se trasladan.

45. Calcetines en la oscuridad

23.
Si sacase 21 calcetines éstos podrían ser todos los negros y todos los azules. Debe sacar dos más para asegurarse de que saca un par de calcetines grises.

46. Cuatro barcas de pesca

Consideraciones

Según el enunciado 2, el caballo de Jeb se llama *King*. Por lo tanto, *King* no puede ser el nombre de su barca de pesca.

De los enunciados 3 y 4 se deriva que la barca de pesca de Jeb no se llama *Ace* ni tampoco *Beau*. Por consiguiente, la barca de pesca de Jeb tiene que llamarse *Spike*. Dado que la barca de pesca de Joe se llama *Ace* (lo sabemos por el enunciado 3), la barca de pesca de Jake debe llamarse *King* o *Beau*.

Según lo expresado por el enunciado 1, la barca de pesca de Jake recibe el nombre del caballo de Jaro. Así las cosas, puesto que el caballo de Jeb responde al nombre de *King*, el caballo de Jay y la barca de pesca de Jake comparten el nombre de *Beau*.

En consecuencia, la barca de pesca de Jay se llama *King*. Dado que la barca de pesca de Joe se llama *Ace*, su caballo debe llamarse *Spike*, siendo así que el caballo de Jake debe responder al nombre de *Ace*.

Solución abreviada

	caballo	barca
Jake	Ace	Beau
Jay	Beau	King
Jeb	King	Spike
Joe	Spike	Ace

47. Pilas

C.

Empieza desde arriba y cuenta siete hacia abajo (y sigue hacia arriba y hacia abajo, etc., cuando sea necesario) y elimina la ficha a la que llegues.

También puedes llegar a la solución eliminando la ficha del final, luego la segunda por abajo, luego la tercera y luego la cuarta.

Ambos métodos son igualmente válidos y lógicos para resolver el problema.

48. El número perdido 1

754

$$\frac{56 \times 65}{5} = 6$$

$$\frac{68 \times 86}{8} = 731$$

$$\frac{78 \times 87}{9} = 754$$

49. Proporciones

5 C compensarían una B.

Así, $\quad$ B+C $\quad = \quad$ 2C + D
$\qquad\qquad = \quad$ A (de la primera proporción dada)
$\qquad$ 3D $\quad = \quad$ 2 (2C + D) (de la tercera proporción dada)
$\qquad$ D $\quad = \quad$ 4C

Entonces, $\quad$ B $\quad = \quad$ 5C.

50. Círculo 1

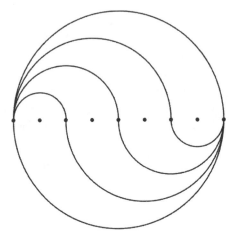

51. El discordante 3

6859.
Son todo números cúbicos, pero en todos los otros números la suma de los dígitos equivale a la raíz cúbica.
Por ejemplo: 4913, en el que $4 + 9 + 1 + 3 = 17$
y $17^3 (17 \times 17 \times 17) = 4913$.

52. Secuencia 2

C.
Dos pares de lados adyacentes se mueven cada vez hacia la izquierda y hacia la derecha, respectivamente, un cuarto de

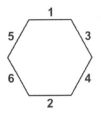

la longitud de los dos lados que no se desplazan; pero además, la figura hace una rotación de 90° cada vez. De este modo, los lados 1 y 2 permanecen estacionarios. Los lados 5/6 y 3/4 se desplazan a la derecha y a la izquierda, respectivamente. Luego la figura hace la rotación.

186

53. Restaurante

El cálculo correcto es:
250 euros (comidas) + 30 euros (propina) + 20 euros (cambio) = 300.
Si calculas: 270 euros (coste) + 20 euros (cambio) = 290 euros es incorrecto, ya que los 270 euros ya incluyen los 20 euros.

54. Baldosas

D.

La columna 3 se obtiene sumando las columnas 1 y 2. Los símbolos repetidos se trasladan: los demás desaparecen.
Lo mismo sucede con las filas.

55. Depósito de agua

La altura sería la mitad que la longitud de la base cuadrada (es decir, sus dimensiones serían $x \times x \times 1/2\, x$).
Esto se puede comprobar con diferentes cálculos.

56. Secuencia de pentágonos

E.

Hay dos arcos (uno blanco y otro negro) que circulan por los pentágonos.
El arco negro se desplaza dos lados del pentágono en sentido de las agujas del reloj, alternando su posición fuera y dentro del pentágono.
El arco blanco se desplaza en sentido contrario, también dos lados y también alternando su posición fuera y dentro.

57. Líneas amarillas

Chema pintó seis metros más que Pedro, sea cual fuere la longitud de la calle.
Si la calle mide L metros,
Chema pintó L - 3 + 6 = L + 3 metros,
Pedro pintó 3 + L - 6 = L - 3 metros,
Así Chema pintó seis metros más.

58. Cuadrados 2

A, D, G, H, F, B, E, C.

59. El número perdido 2

El número que falta es el 0.
En cada bloque de cuatro números, se puede leer un número cuadrado, en el sentido de las agujas del reloj o en el contrario:

1936	2916	5329
3364	4624	2304
3481	4489	9409

60. Condiciones

D.

Así, un punto está sólo en un círculo y el otro está en un círculo y en un cuadrado.

61. Quiosco

Periódico 3 euros.
Revista 5 euros.
2 revistas + 5 periódicos = 25 euros (1).
5 revistas + 2 periódicos = 31 euros (2).
Multiplica (1) por 5 y (2) por 2.
10 revistas + 25 periódicos = 125 euros (3).
10 revistas + 4 periódicos = 62 euros (4).
Resta (4) de (3): 21 periódicos = 63 euros
   y 1 periódico = 3 euros.
Sustituyendo en (1): 2 revistas + 15 euros = 25 euros.
Por lo tanto, 2 revistas = 10 euros y 1 revista = 5 euros.

63. Símbolos 2

E.

64. Esfinge

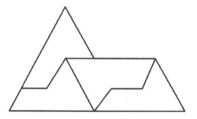

65. Secuencia 3

D.

Hay dos elipses. Cada mitad de cada elipse se mueve en cada paso. En el primer paso las dos mitades de la elipse horizontal están unidas formando la elipse completa. La parte derecha de esta elipse se mueve hacia el oeste y la parte izquierda hacia el este, ambas una cuarta parte de la longitud del lado del cuadrado cada vez.

La elipse vertical tiene dos mitades que se mueven del mismo modo que las de la horizontal, pero hacia el norte y hacia el sur. En el primer paso las dos mitades están entrando en el cuadrado. Cuando llegamos al cuarto paso, las dos mitades están unidas, formando la elipse completa.

66. Sushimanía

Si los sushis restantes no dan para tres por cabeza, deben ser 7 u 8. Como el mísero resto debe representar los dos tercios de un número entero, tenemos que son 8 los sushis restantes. Por tanto, la amiga encontró 12 y se comió 4. La hermana se comió 6 de 18 y la señora Pilgrim, que fue la primera, devoró 9 sushis de 27.

67. Rompecabezas geométrico

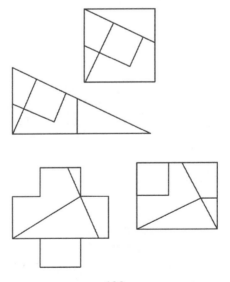

68. Extraterrestres

17 extraterrestres.

Empieza por números entre el 200 y el 300 que tengan distintos factores. Por ejemplo, 240 dedos, lo que podría ser:

20 extraterrestres con 12 dedos;
o 12 extraterrestres con 20 dedos;
o 10 extraterrestres con 24 dedos;
o 24 extraterrestres con 10 dedos.

No hay una respuesta única, por lo que debes eliminar todos los números que tengan distintos factores.

Luego inténtalo con números primos. (Un número primo es un número que no tiene más factores que el 1 y él mismo.) Por ejemplo, 233, lo que podría ser:

Un extraterrestre con 233 dedos (pero hay más de un extraterrestre) o 233 extraterrestres con un dedo (pero cada extraterrestre tiene por lo menos dos dedos).

Por lo tanto, debes eliminar los números primos del rango de posibilidades. Eso nos deja tan sólo el cuadrado de un número primo.

Sólo hay uno entre 200 y 300, que es $289 = 17 \times 17$.

Así tenemos 17 extraterrestres con 17 dedos cada uno.

69. ¿Quién hizo trampas al póquer?

Consideraciones

Considere que cada jugador hace una declaración verdadera y otra falsa.

En primera instancia, suponga que A es el culpable. En ese caso, las dos afirmaciones de A son falsas. Por lo tanto, A no lo hizo.

Suponga que B es el culpable. De ser así, las dos afirmaciones de B son verdaderas. Por consiguiente, B no lo hizo.

Ahora suponga que C es el culpable. Si esos es cierto, las afirmaciones de C son falsas. Así las cosas, C no lo hizo.

Suponga que D lo hizo. En ese supuesto, las dos afirmaciones de D son falsas. En consecuencia, D es inocente. Así pues, E fue quien lo hizo. La primera declaración de E es verdadera mientras que la segunda es falsa.

Solución abreviada.
E es el culpable.

70. Rompecabezas de conexiones

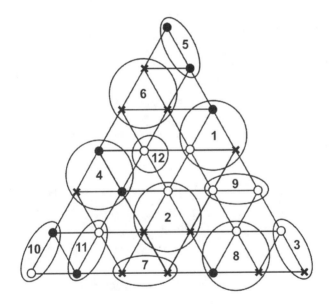

71. Cómo robar un granero

La distinta adherencia de cada uno de estos materiales es la responsable de las distintas inclinaciones de los montones:

El 1.º con una pendiente de 30° es el de trigo.
El 2.º con una pendiente de 45° es el de carbón.
El 3.º con una pendiente de 35° es el de arena.
El 4.º con una pendiente de 40° es el de grava.

72. Tiro

B.

Tabula los resultados de forma que cada bloque sea igual a 71. Sólo hay tres maneras de hacerlo:

25 - 20 - 3 - 2 - 1
25 - 20 - 10 - 10 - 5 - 1
50 - 10 - 5 - 3 - 2 - 1

La primera fila es de A (no se pueden sacar 22 puntos en dos tiradas en las otras filas).
La tercera fila es de B (saca un 3).
Por tanto, B hizo diana.

73. Los rodillos ruedan

El cilindro derecho gira a la misma velocidad y en la misma dirección que el izquierdo.

74. Recorrido de números

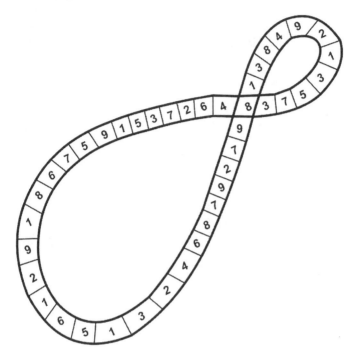

Hay otras soluciones.

75. Adán y Eva

¡Porque no tenían ombligo!

76. Rutas

12 rutas.

77. Números cúbicos

Los números que hay que leer horizontalmente tienen un círculo.

7	(4)	(2)	1	9	(8)	3	(7)	1	(5)	**42875**
(7)	6	4	(9)	7	(5)	9	(0)	(7)	2	**79507**
4	(3)	(5)	7	(9)	2	(3)	8	9	(7)	**35937**
(1)	4	6	(0)	3	7	(6)	5	(4)	(8)	**10648**
(6)	0	(8)	5	(9)	(2)	3	(1)	6	9	**68921**
0	(1)	6	(5)	(6)	0	(2)	1	(5)	7	**15625**
(5)	0	(4)	(8)	3	(7)	0	(2)	8	9	**54872**
(1)	(2)	5	7	(1)	0	(6)	8	(7)	1	**12167**
8	(2)	(4)	6	6	(3)	4	(8)	3	(9)	**24389**
8	0	6	(1)	(3)	0	(8)	4	(2)	(4)	**13824**

7	6	4	1	9	2	3	8	1	2
4	4	6	7	7	7	9	5	9	9
0	0	6	5	3	0	3	1	6	7
8	0	5	7	3	0	0	8	8	9
8	0	6	6	6	0	4	4	3	1

78. ¿Quién de los tres es inocente?

Consideraciones

Considere que los dos culpables dicen la verdad y confiesan su delito, pero que el muchacho inocente miente y asimismo confiesa. Cada muchacho realiza una afirmación verdadera y dos falsas.

Suponga que Junior es inocente. De ser así, la primera afirmación de Timmy debe ser la verdadera, mientras que su segunda y tercera afirmaciones son falsas. Sin embargo, si Junior es inocente, la tercera afirmación de Timmy es verdadera. Así pues, Junior no es inocente.

Suponga que Timmy es inocente. En ese caso, todas las declaraciones formuladas por Junior son verdaderas. Así las cosas, Timmy no es inocente.

En consecuencia, Sonny es completamente inocente.

Solución abreviada
Sonny no lo hizo.

79. Gatos y canarios

44.

80. Una de cerillas

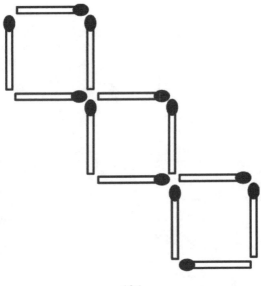

81. Enigma meteorológico

Pedro es muy bajito y no llega al botón del 9.º piso. Sin embargo, cuado llueve se puede ayudar con el paraguas.

82. Dados compuestos

Dos supercaras opuestas deberían contener únicamente doses, y las otras cuatro deberían estar formadas de dos treses y dos unos.

83. El número perdido 3

12.

Por ejemplo: 99

                    72   27

27 lo obtenemos sumando los cuatro dígitos precedentes, es decir, 7 + 2 + 9 = 27, etc.

84. Cuadrado de sexto orden

11	18	13	29	36	4
16	14	12	34	5	30
15	10	17	33	28	8
20	27	22	2	9	31
25	23	21	7	32	3
24	19	26	6	1	35

85. División estelar

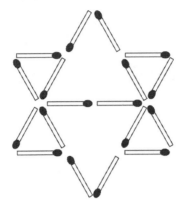

86. Una coartada casi perfecta

El comisario les preguntó qué lugares habían ocupado alrededor de la mesa durante la partida. Como no se les había ocurrido ponerse de acuerdo sobre ese detalle, esta vez no hubo coincidencia en las respuestas. Hay 24 ordenaciones posibles y la probabilidad de que dos hermanos diesen la misma secuencia se reduce a 1:48.

87. Una premisa desconcertante

Como comprenderá, no necesita que se le muestre el camino en esta ocasión. Basta con que lo consiga... Buena suerte.

88. Torneo de paleta en Knowhey

Consideraciones

Según el enunciado 1, el forastero Larry no formaba equipo con el lugareño Lenny. Por consiguiente, el forastero Larry estaba emparejado con el knowheyano Logan o bien con su paisano Lewis.

Del enunciado 2 se concluye que el visitante Lenny no formaba equipo con el knowheyano Larry. Así pues, el visitante Lenny estaba emparejado con el knowheyano Logan o con su paisano Lewis.

Del enunciado 3 se concluye que el visitante Logan no estaba emparejado con el knowheyano Lewis. Por lo tanto, el visitante Logan estaba emparejado bien con el knowheyano Larry o bien con el knowheyano Lenny.

Del enunciado 4 se concluye que el forastero Logan formaba equipo con el knowheyano Larry. En este contexto, el visitante Larry estaba emparejado con el knowheyano Lewis, el visitante Lewis estaba emparejado con el knowheyano Logan y, por eliminación, el visitante Lewis estaba emparejado con el knowheyano Lenny.

Solución abreviada

Visitante Larry   Knowheyano Lewis
Visitante Lenny   Knowheyano Logan
Visitante Logan   Knowheyano Larry
Visitante Lewis   Knowheyano Lenny

89. La estrella más grande

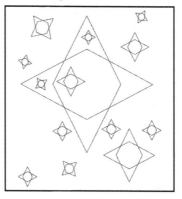

90. Palíndromo

29-8-92 y 2-9-92, un intervalo de 4 días.

91. Hexágonos

El segundo.

Hay seis triángulos en cada hexágono. Cada triángulo tiene su base en uno de los lados del hexágono. La altura de cada triángulo aumenta cada vez en un cuarto en relación con la distancia que hay entre los lados opuestos del hexágono.

92. Excursión familiar

El encargado repartió las camas entre las cuatro familias de manera que cada una de éstas ocupó una fila horizontal. Los recuadros vacíos representan camas desocupadas.

Marido	Mujer	Niño	
Niño		Marido	Mujer
Marido	Mujer		Niño
	Niño	Marido	Mujer

93. El lenguaje de las cerillas

Tiene razón Alfredo. Con cuatro cerillas dispuestas en cuadrado y suponiendo que las diferencias se reducen a la orientación de las cabezas de fósforo, resultan sólo 16 cuadrados diferentes.

94. Secuencia numérica

144.

Observando detenidamente vemos que el resultado se obtiene multiplicando la suma de los dos números por el primero de ellos:

$2+3 = 5\times2 = 10$
$6+5 = 11\times6 = 66$
$8+4 = 12\times8 = 96$
$7+2 = 9\times7 = 63$

$9+7 = 16\times9 = 144$

95. Pleito difícil

La sentencia fue la siguiente: denegar la demanda del maestro, pero concediéndole el derecho a entablar querella por segunda vez, sobre una nueva base, a saber: la de que el alumno ya había ganado su primer pleito. Esta segunda demanda debería ser resuelta, indudablemente, a favor del maestro.

96. Tres relojes

Al cabo de 720 días. En este tiempo, el reloj de la cocina se atrasa 720 minutos, es decir, exactamente en 12 horas; el reloj del living se adelanta igual tiempo. Entonces los tres relojes marcarán lo mismo que el 1.º de enero, o sea, la hora exacta.

97. El error en el planteamiento de un enigma

Si sólo una de las cabezas dice la verdad es imposible que las dos cabezas estén informándole verazmente al héroe las condiciones de la prueba y las peculiaridades de cada una de las cabezas. Toda esa información –para guardar la coherencia del enigma– tiene que ser veraz de manera obligada y sólo una de las cabezas podría informarla o, en su defecto, ambas cabezas informarían cosas contradictorias.

98. Una esquina sobre la otra

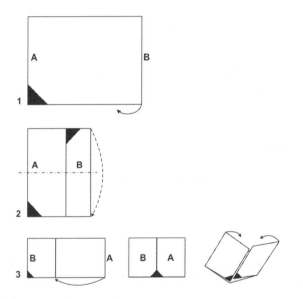

1. Doble ligeramente el lado estrecho B hacia la izquierda.
2. Pliegue el folio longitudinalmente hacia atrás.
3. Por último, debe darle la vuelta al folio y doblar la cara A hacia delante de tal forma que las esquinas marcadas se encuentren una a lado de la otra. Cierre el folio a lo largo de los lados A y B.

99. El número perdido

93.

$(87 + 57) : 4 = 36$
$(49 + 23) : 4 = 18$
$(15 + 93) : 4 = 27$

100. Semáforo roto

El conductor daltónico claramente puede ver que el semáforo está colgando al revés y sabe que la luz que está brillando ahora es la verde a pesar de estar en la parte superior. Además, puede observar el comportamiento de los demás vehículos y corroborar su apreciación.

101. La bolsa tirada

Al hacer el camino en sentido inverso, tendrían que haber encontrado la bolsa de dinero vacía después del lugar donde Peralta se escapó del auto. Eso le indica al inspector que Peralta miente.

102. Cuadrado mágico

Esta es una de las ocho posibles respuestas, averigua las demás.

103. Acomodando parejas

Respuesta:

NE	VA	DA		ES	PI	GA
CT		ME	SE	TA		RR
AR	TE	RO		FA	LS	AS

104. La campana y el círculo

D.

El círculo pequeño cuelga del círculo grande y la campana cuelga del círculo pequeño. En cada paso el círculo pequeño vira 45° en el sentido contrario a las agujas del reloj, y la campana vira 45° en el sentido de las agujas del reloj.

105. Asesinato de la actriz

Clara es asesinada durante el transcurso del segundo acto. Silvestre miente cuando dice que golpeaba a su puerta llamándola a escena, pues las dos únicas entradas de la actriz en la obra eran en el cuarto acto. Como la madre de Clara lo sorprende frente al camarín, él inventa en el momento esa excusa.

106. Cesta de huevos

Miranda llevaba 59 huevos

$59/2 = 29$ y sobra 1
$59/3 = 19$ y sobran 2
$59/4 = 14$ y sobran 3
$59/5 = 11$ y sobran 4

107. Caminos que se encuentran

El camino de la solución es el trazado aquí en negro.

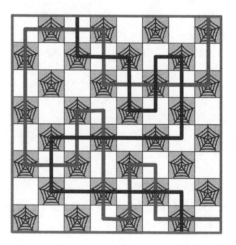

108. Una de trileros

Leyendo verso a verso la adivinanza de Manolarga, resultan las posibilidades siguientes:

A la derecha no puede haber un rey.

Si hubiese un rey en medio, no podría haber dama junto a dama, en consecuencia hay un rey a la izquierda y al lado de éste dos damas.

A la izquierda no puede haber corazones.

Si hubiese corazones en medio, no podría haber tréboles junto a tréboles, por tanto la carta de corazones está a la derecha y las otras dos son tréboles.

Por tanto, de izquierda a derecha los naipes son: rey de tréboles, dama de tréboles y dama de corazones.

109. Solitario

La máscara salta las piedras 8, 9, 3 y 1 sucesivamente. A continuación, el 7 salta sobre el 4, tras lo cual el 6 salta sobre el 2 y el 7. La máscara retrocede al centro por encima del 6.

110. Dos buscavidas estafadores

Consideraciones
Considere que los dos culpables hacen declaraciones falsas, mientras que los demás dicen la verdad.
Suponga que B es el culpable. En caso de ser así, según la declaración de B, C también es culpable. Si es así, según la declaración de C, D es asimismo culpable. Por lo tanto, dado que sólo hay dos culpables, B no es culpable.
Así las cosas, según la declaración de B, C no es culpable. Según la declaración de D, A es el culpable, mientras que según lo expresado por A, E es asimismo culpable.

Solución abreviada
A y E son los culpables.

111. Descifrado fácil

18 hoyos en un campo de golf
7 pecados capitales
12 signos del zodíaco
7 enanos de Blancanieves
6 cuerdas de la guitarra
4 Jinetes del Apocalipsis
4 estaciones del año
27 letras del abecedario
12 meses del año
9 planetas en el sistema solar
1 satélite natural de la Tierra

112. Asesinato estúpido

El libro que recoge del suelo estaba escrito en Braile. Su propietario era no vidente y, obviamente, no podría haberle observado desde la ventana.

113. Diagonales en un cubo

60°.

Si se dibuja la diagonal de la tercera cara para completar el triángulo, éste tendrá todos sus lados iguales a la longitud de la diagonal. Por lo tanto, es equilátero, y todos sus ángulos son de 60°.

114. Cuadrícula

Avenida 4, calle 3.

Si los amigos vivieran en la misma calle, pero cada uno en su avenida correspondiente, el mapa sería así:

El punto de encuentro sería, obviamente, la avenida 4.

Si todos vivieran en la misma avenida, pero cada uno en su calle correspondiente, el mapa sería así:

El punto de encuentro sería, obviamente, la calle 3.
Por lo tanto, el mejor punto de encuentro sería la esquina que forman la calle 3 y la avenida 4.

115. Lazos familiares

Homero y Crescencia von Hochgemut eran primos carnales, hijos a su vez de primos carnales. Por eso la pareja tiene los mismos abuelos, luego convertidos en bisabuelos del príncipe Hermes.

Los padres de Crescencia son tío y tía de Homero, el esposo de aquélla; por esa vía, también son tía-abuela y tío-abuelo del príncipes Hermes. Y lo mismo puede decirse de los padres de Homero.

116. A saltos por el campo

51	52	53	54	55
41	42	43	44	45
31	32	33	34	35
21	22	23	24	25
11	12	13	14	15

Como notación para indicar la solución hemos numerado las casillas (la primera cifra indica la fila y la segunda la columna). Puesto que en cada movimiento la ficha sólo puede dirigirse a un único recuadro vacío, bastará un sólo número expresando cuál es la ficha que se mueve: 21, 13, 32, 24, 45, 33, 14, 22, 43, 55, 34, 13, 32, 11, 23, 31, 12, 24, 32, 44, 52 y 33.

117. El jardín del rey de la lotería

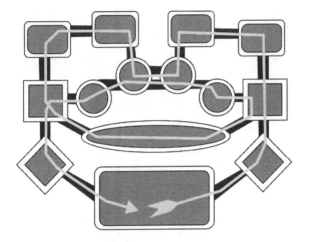

El dibujo muestra una solución posible en la que se recorren todos los caminos y en la que se pasa por todos los edificios sin pisar dos veces el mismo camino.

118. ¿Quién asesinó a Eddie «manos veloces»?

Consideraciones

Considere que dos de los tres testigos no formulan una sola declaración verdadera. La veracidad de las declaraciones del tercer testigo es desconocida.

Suponga que cuando A asegura que Rocky es el culpable dice la verdad. En ese supuesto, dos de las afirmaciones de A son verdaderas, ninguna de las que pronuncia B es cierta, y una de las que formula C también es verdadera. Por lo tanto, Rocky no lo hizo.

Suponga que cuando C asegura que Phil «el forzador» es el culpable dice la verdad. De ser así, una de las afirmaciones de A es verdadera, ninguna de las afirmaciones de B es cierta, y dos de las afirmaciones de C son verdaderas. Por lo tanto, Phil «el forzador» no lo hizo.

En consecuencia, Harry «la masa» lo hizo, tal como afirmaba B. A no efectúa una sola declaración verdadera, B formula dos verdaderas y C falta a la verdad en todos los casos. Así pues, Harry «la masa» lo hizo.

Solución abreviada
Harry «la masa» es el culpable.

119. La discordante 4

E.

C es la misma que F.
A es la misma que G.
B es la misma que D.

120. Proporciones 2

$13\frac{1}{3}$ gramos.

$5 \times 8 = 3 \times 13\frac{1}{3}$, para el equilibrio.

121. Analogía

A.

El círculo del que debes encontrar la analogía es el mismo que el círculo relacionado con el primero, pero invertido. Por este motivo, la solución tiene que ser el primer círculo, pero invertido, que es el A.

122. Garaje hollywoodiense

1.ª maniobra: Los coches 4 y 5 al túnel, el coche 3 todo a la derecha. El 1 y el 2 pegados a la salida. El 5 y el 4 se ponen a la cola. Tenemos así la fila 1, 2, 5, 4 y 3.

2.ª maniobra: Los coches 3, 4, 5 y 2 al túnel. El coche 1 todo a la derecha. Los coches 2, 5, 4 y 3 salen formando en la salida. El 1 se pone a la cola. Tenemos así la fila 2, 5, 4, 3 y 1.

3.ª maniobra: Marcha atrás. Al coche 1 al fondo del túnel, le siguen los coches 3, 4, y 5. El coche 2 retrocede al fondo derecho. Se sacan a la salida los coches 5, 4, 3 y 2, y el 1 se pone a la cola de éstos por detrás.

123. Círculos expandidos

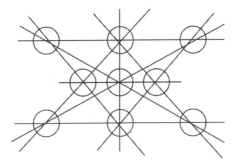

De esta manera deberían colocarse las cerraduras de la caja fuerte para poder atrancarlas por lo menos tres veces con diez barras.

124. 8 líneas sobre 25

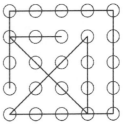

125. Robo de joyas

Consideraciones

Dado que no hay dos sospechosos que formulen un número idéntico de afirmaciones falsas, podemos concluir que sólo uno de ellos pronuncia tres declaraciones verdaderas, otro pronuncia dos declaraciones verdaderas, otro una sola declaración verdadera y el restante no dice nunca la verdad.

Suponga que B es el ladrón. En ese caso, la primera declaración de B es verdadera, y sus declaraciones segunda y tercera son falsas. Sin embargo, de ser así, las declaraciones primera y tercera de D son falsas y es verdadera la segunda de ellas. Por consiguiente, puesto que B y D compartirían el mismo número de declaraciones verdaderas y falsas, B no es el ladrón.

Suponga que C es el ladrón. En ese caso, las declaraciones primera y segunda de C son verdaderas y la tercera es falsa. No obstante, de ser eso cierto, la primera declaración de D es falsa, mientras que sus declaraciones segunda y tercera son verdaderas. En consecuencia, C es inocente.

Suponga que D es el ladrón. En ese caso, la primera afirmación de D es falsa, y sus afirmaciones segunda y tercera son verdaderas. Así y todo, en ese supuesto, las declaraciones primera y segunda de C son verdaderas mientras que la tercera es falsa. De esta manera D no puede ser el ladrón.

A fin de cuentas, A es el ladrón que buscamos. A hace tres declaraciones falsas, B hace dos declaraciones verdaderas y una falsa, C hace una verdadera y dos declaraciones falsas, siendo así que D formula tres declaraciones verdaderas.

Solución abreviada

A es el ladrón.

126. Rutas

25 rutas.

127. Magia interior

46	1	2	3	42	41	40
45	31	16	33	30	15	5
44	32	24	23	28	18	6
7	14	29	25	21	36	43
11	13	22	27	26	37	39
12	35	34	17	20	19	38
10	49	48	47	8	9	4

128. Una celda para la reina

El panal del lado izquierdo es el que tiene una celda supernumeraria, pero no queda determinada de un modo unívoco, pues, según se mire, pueden situarse en varios puntos; en cualquier caso, la celda de más es una de las pintadas en gris.

129. Cena a la luz de las velas

El relato de Lisa debe ser falso porque el comisario ha visto las velas largas en los candelabros del comedor y, después de una cena de ocho platos, deberían estar bastante consumidas.

130. Problemas fronterizos en Marte

Con dos colores es suficiente. Da lo mismo cuántas particiones se hagan de la superficie, no hace falta un tercer color.

131. Una decisión importante

Consideraciones

Considere que al menos una de las señales es falsa.
Suponga que el sendero A es el sendero a seguir. De ser así, la señal A es la verdadera. Sin embargo, dado que al menos una de las señales es falsa, la señal B tendría que ser falsa. No existe modo de averiguar si la señal B es falsa. Por lo tanto, la señal A es falsa y puede decirse lo mismo de la señal B. El sendero B es, pues, el sendero a seguir.

	Señal A	Señal B
Si el sendero A	V	V
Si el sendero B	F	F

132. La taberna «El perro multicolor»

Ésta es una de las soluciones posibles. Cada número corresponde a uno de los cinco colores.

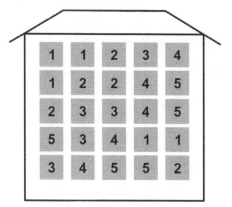

133. Cuadrado

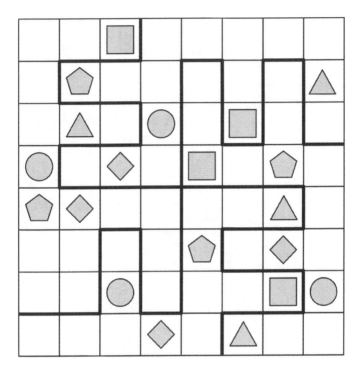

134. Bandera olímpica

$5 \times 4 \times 3 \times 2 \times 1.$

135. Excursión otoñal

Peregrino pagó la cena. Los dos amigos llegaron en tres horas. Esta es la secuencia de recorridos durante el original camino de regreso (A = andando; B = en bicicleta).

Horas	0,5	1	1,5	2	2,5	3
Km Peregrino	B 7,5	A 11,25	A 15	B 22,5	A 26,25	A 30
Km Piedeliebre	A 3,75	A 7,5	B 15	A 18,75	A 22,5	B 30

136. Otro de cerillas

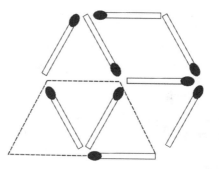

137. El cubo mágico

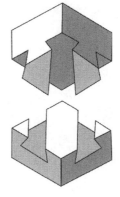

138. Robo de un traje en la tienda de moda para hombre de Fred

Consideraciones

Considere que un sospechoso hace tres afirmaciones verdaderas, otro formula dos verdaderas y una falsa, otro una verdadera y dos falsas, siendo así que el cuatro declara tres falsedades.

Suponga que A es el culpable. De ser así, la primera afirmación de A es verdadera, la primera afirmación de B es verdadera, la primera y la segunda afirmaciones de C son verdaderas, y la primera afirmación de D es igualmente cierta. Por lo tanto, dado que uno de los sospechosos no dice una sola verdad, A es inocente.

Suponga que C es el culpable. En ese supuesto, la primera afirmación de A es verdadera, la primera afirmación de B es verdadera, la primera afirmación de C es verdadera, y la segunda afirmación de D es asimismo cierta. Por consiguiente, C no es el ladrón.

Suponga que D es el culpable. De ser así, la segunda afirmación de A es verdadera, la primera afirmación de B es verdadera, la primera afirmación de C es verdadera, y la segunda afirmación de D es verdad también. Consecuentemente, D es inocente.

Así las cosas, B es el ladrón, tal como apuntaba D en su segunda declaración, que es falsa. La primera declaración de A es verdadera, las afirmaciones primera y tercera de B son verdaderas, las tres afirmaciones de C son todas verdaderas, toda vez que las tres declaraciones de D son falsas.

Solución abreviada

B es el ladrón.

139. Símbolos 3

C.

140. Sissa Ben Dahir

$2^{64} - 1$ es igual a 18446744073709551615.
Suma de la progresión geométrica: $1 + 2^1 + 2^2 + 2^3 \ldots + 2^{63}$.

141. Garabatos

Esta muestra no puede dibujarse sin levantar el lápiz del
papel.

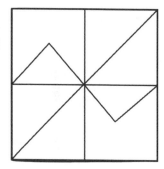

142. La herencia de Ricote

Si esta historia le ha recordado el cuento de los camellos, tan
repetido en todos los libros de pasatiempos, no crea que ha
sido casualidad. Para explicar por qué funcionó el reparto, el
notario tuvo que acudir a la calculadora. Una breve compro-
bación basta para establecer que Ricote sólo repartió 39/40
de sus propiedades entre los criados. Pero como un todo no
puede repartirse hasta totalizar una fracción de sí mismo, la
división jamás habría funcionado. Con la idea del notario,
cada uno recibió un poco más de lo que le tocaba. Pero si la
casa 40.ª hubiese estado terminada, el reparto habría resultado mucho más problemático.

143. Una reforma barata

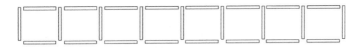

Don Forrado sólo tiene que colocar los boxes en línea para tener todos los caballos a las vista.

144. Una partida de póquer seria y fatal de veras

Consideraciones

Considere que un culpable formula dos declaraciones verdaderas y el otro formula dos falsedades.

Suponga que A es uno de los dos jugadores culpables. En ese supuesto, dado que A asegura no haber participado en el juego, sus dos declaraciones deben ser falsas, y la primera declaración de D según la cual A y C son los ladrones debe ser cierta. De ser así, C debe ser el jugador culpable que formula dos declaraciones verdaderas. Sin embargo, la segunda declaración de C, con la que sostiene que él no se encontraba en la sala, es totalmente falsa. En consecuencia, A no es culpable.

Suponga ahora que C es uno de los dos culpables. En ese caso, dado que la segunda declaración de C dice que había salido de la sala, él debe ser el jugador culpable con dos afirmaciones falsas. No obstante, sabemos que A no es culpable, así como que ni B, ni D, ni E hacen dos declaraciones verdaderas. Así las cosas, C no es uno de los culpables.

Suponga que D es uno de los dos jugadores culpables. De ser así, dado que D sostiene que los culpables son A y C, D debe ser el ladrón con dos afirmaciones falsas y, según su segunda afirmación, que a la sazón debe ser falsa, la declaración de E por la cual asegura que C no es culpable debe ser igualmente falsa, siendo así que C es el segundo jugador culpable. Con todo, dado que sabemos que C es inocente, D no es culpable. Así pues, los dos jugadores culpables son B y E. Las afirmaciones de B son todas falsas, mientras que las de E son ambas verdaderas.

Solución abreviada
B y E son los dos jugadores culpables.

145. Secuencia de cuadrados

C.

Son dos cuadrados unidos. Uno de ellos no se mueve; el otro, que inicialmente se encuentra en la posición más alta, se mueve 45° en el sentido de las agujas del reloj: primero hacia el nordeste, luego hacia el este y, después, en la opción C, hacia el sureste.

146. Cuadrado 2

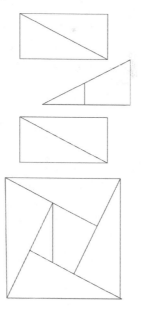

147. Magia de recuadros

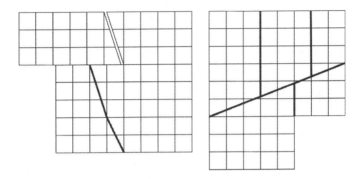

Hay varias soluciones posibles; a la izquierda vemos una de ellas con 65 recuadros, a la derecha otra con 63 recuadros. Estas soluciones sólo son posibles dibujando sobre el papel cuadriculado; si se intentase con trozos recortados se vería enseguida la inexactitud cometida. En realidad no aparece ni desaparece ningún recuadro, sino que al dibujar la solución de 65 recuadros la trampa consiste en añadir un poco de «aire», y en la de 63 se elimina un recuadro por la ligera superposición de las líneas. Si se dibuja a gran escala, el error salta a la vista en seguida.

148. Enigma no eterno, pero sí antiquísimo

Los tres bebedores apuraron ocho litros de vino, es decir, 2 2/3 por barba. Por consiguiente Peregrino regaló 1/3 de litro de su vino y, Pensativo 2 1/3 del suyo, o lo que es lo mismo, 7/3. De ahí que la patrona dijese que le tocaban a Pensativo siete jamones y a Peregrino un jamón.

149. Un puzzle cuadrado

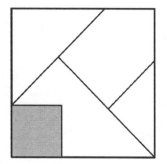

150. Variedades de frutas

Solución

Hilera posterior: peras, naranjas, melocotones, ciruelas, cerezas, nísperos, caquis, albaricoques, papayas y guayabas.

Hilera anterior: limas, sandías, plátanos, moras, fresas, frambuesas, limones, mangos, nectarinas y uvas.

151. Cuadrado 3

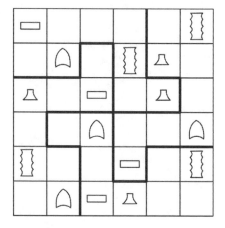

152. Números cuadrados

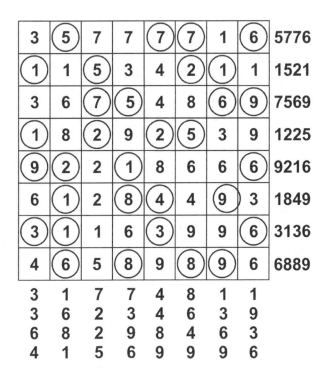

3	⑤	7	7	⑦	⑦	1	⑥	5776
①	1	⑤	3	4	②	①	1	1521
3	6	⑦	⑤	4	8	⑥	⑨	7569
①	8	②	9	②	⑤	3	9	1225
⑨	②	2	①	8	6	6	⑥	9216
6	①	2	⑧	④	4	⑨	3	1849
③	①	1	6	③	9	9	⑥	3136
4	⑥	5	⑧	9	⑧	⑨	6	6889

3	1	7	7	4	8	1	1
3	6	2	3	4	6	3	9
6	8	2	9	8	4	6	3
4	1	5	6	9	9	9	6

153. Una corona de seis monedas

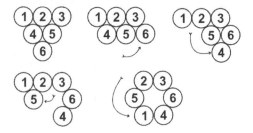

Mueva las monedas en el orden que indica el dibujo.

154. Círculos anuales

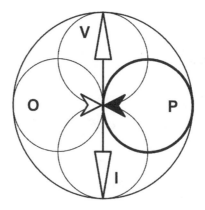

Si la rueda pequeña gira dentro de la grande sin desliza-
miento, siendo el diámetro de la primera igual al radio de la
segunda, la punta de la flecha describe una recta, ida y vuelta, coincidente con el diámetro de la rueda grande.

155. El secreto de la Sibila

Posicione una hoja de papel cebolla sobre el dibujo, cálquelo
y recórtelo.

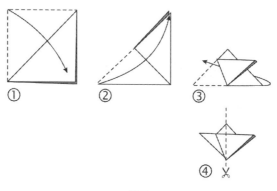

1. Doble el cuadrado diagonalmente para convertirlo en un triángulo.
2. Doble el triángulo por la mitad, sobre su eje de simetría.
3. Doble las dos puntas agudas tomando como referencia el punto central del lado más ancho, y poniendo las puntas horizontales. Una de éstas se dobla hacia delante y la otra hacia atrás.
4. Corte la figura obtenida a lo largo de su eje de simetría.

156. Para los amigos de la flecha verde

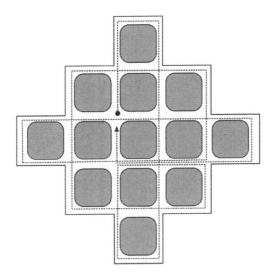

Existen varias rutas posibles. En esta ocasión, la salida y la meta se han situado en el centro. Pero da igual el camino que haya elegido; no existe camino más corto que aquél que recorra tres veces un tramo de dos manzanas de largo.

157. ¿Quién robó el carro de golf número 22?

Consideraciones

Considere que sólo uno de los sospechosos dice siempre la verdad.

Las afirmaciones primera y tercera de A son falsas, dado que los cuatro estaban presentes. La primera afirmación de C concuerda con la primera declaración de A, de modo que también es falsa. La primera afirmación de D contradice la tercera afirmación de C, que, diciendo verdad sostiene que la tercera afirmación de A es completamente falsa.

Por lo tanto, el único juerguista que pronuncia tres afirmaciones verdaderas es B. Tal como indica la segunda declaración de B, C es el culpable.

Solución abreviada

C es el culpable.

158. Pirámide de hexágonos

Los contenidos de cada hexágono se obtienen fusionando los elementos comunes de los dos hexágonos que quedan inmediatamente debajo.

159. Dados

Si su oponente elige blanco, el jugador elige azul. Si su oponente elige verde, el jugador elige blanco. Si su oponente elige azul, el jugador elige verde.
Como ejemplo:

Puntuación blanco	Puntuación azul	Azul
2	3, 5, 7	Gana 3
4	3, 5, 7	Gana 2
9	3, 5, 7	Pierde 3

160. Hexágono mágico

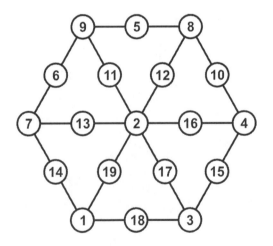

161. Plegar un cuadrado mágico

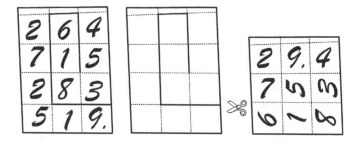

1. Recortar la hoja siguiendo el dibujo de línea continua que se indica.
2. Plegar los recuadros marcados (los del 5, el 1 y el 2) por la diagonal y hacia las direcciones de las flechas, con lo cual entrelazamos las dos franjas. Prestemos atención a que el 3 se pliegue hacia la derecha para que pase por encima del 5, el 1 quede cubierto por el 9 y el 2 desaparezca detrás del 7. De este modo quedará finalmente en nuestras manos el cuadrado mágico que se representa.

162. La vanguardia de los conejos de Pascua

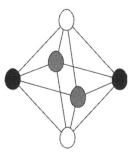

La disposición del nido de Pascua debe ser la de un octaedro para que los huevos de un mismo color no se toquen y los demás sí lo hagan.

163. Personajes desagradables

Consideraciones
Considere que el culpable hace una declaración verdadera y dos falsas.
Suponga que A es el culpable. De ser así, sus tres declaraciones son falsas. Por consiguiente, A no lo hizo.
Suponga ahora que B es el culpable. En ese caso, las dos primeras declaraciones de B son verdaderas. Por lo tanto, B es inocente.
Suponga para acabar que C es el culpable. Si eso es cierto, sus declaraciones primera y tercera son verdaderas. En consecuencia, C no lo hizo.
Así pues, tuvo que ser D el culpable. Su primera declaración es verdadera, mientras que la segunda y la tercera de sus afirmaciones son falsas.

Solución abreviada
D es el culpable.

164. Círculo 2

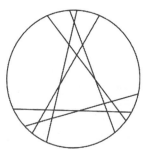

La fórmula para encontrar el número de secciones es:
$$\frac{1}{2}(n^2 + n + 2)$$
Donde n es el número de secciones hechas.

165. Encuentra la secuencia

La secuencia es:
   1, (1^1)
   4, (2^2)
  27, (3^3)
 256, (4^4)
 3.125, (5^5)
46.656, (6^6)

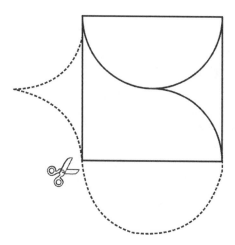

166. Bombilla cuadrada

167. Cálculos caprichosos

1. El 1, el 2 y el 3.
2. Ni lo uno ni lo otro. Siete más cinco dan doce y no trece.
3. La solución algo tramposa es 11 + 9 = 20 y la enrevesada consiste en poner un 9 del revés para convertirlo en un seis, con lo que tenemos 6 + 7 + 7 = 20.

4. Si Vanidoso hubiese gastado en corbatas 12.000 machacantes más que Tacaño, las de éste debieron costar 500
machacantes (12.500 - 500 = 12.000). Pero como ambos
pagaron lo mismo, es decir cada uno la mitad de 13.000
machacantes, Vanidoso tendrá que comprar el silencio
de Tacaño con 6.000 machacantes.
5. Sólo contando en horas: las 22 horas más 10 horas dan
las 8 de la mañana.
6. Establecer la cuenta:

$$142.857 \times 728 = 103.999.986$$
$$999.986$$
$$+ 103$$

$$999.999$$

7. **18 = 1̶8̶**   **XIII = V̶I̶I̶I̶**

Escribimos 18 en guarismos arábigos y doblamos el papel
exactamente por la mitad. Escribimos 13 en romanos y ha-
cemos lo mismo.
8. Ocho veces ocho escrito de esta manera:
$$888 + 88 + 8 + 8 + 8 = 1.000$$
9. Escribimos $99.999 \times 9.999 + 99.999 + 9.999 = 999.999.999$.

168. El enigma del faraón

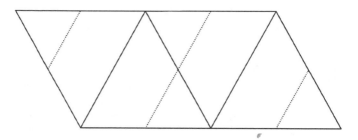

La línea de puntos se cierra alrededor de la pirámide.

169. Robos de automóviles

Consideraciones

Considere que uno de los sospechosos formula tres declaraciones verdaderas, y que otro realiza tres declaraciones falsas. La veracidad de las respuestas del tercer sospechoso es desconocida.

La segunda declaración de A debe ser falsa. De otro modo sería una contradicción. Por lo tanto, al menos una de sus declaraciones es verdadera. Así las cosas, A es el sospechoso cuya veracidad se desconoce.

La segunda declaración de B reconoce una afirmación que falta a la verdad. B debe ser el sospechoso que hace tres declaraciones falsas, y C el sospechoso que dice la verdad en todos los casos. Según el primer enunciado de B, que debe ser falso, B es el culpable.

Solución abreviada

B lo hizo.

170. Franjas

D.

El círculo pequeño se traslada, a lo largo de la secuencia, dos casillas hacia delante y una hacia atrás.
El círculo mediano se traslada una casilla hacia atrás y dos hacia delante.
El círculo grande se traslada una casilla hacia delante y dos hacia atrás.

171. Once

7	3	4	8
2	9	8	1
3	6	5	2
8	0	1	9

Hay otras soluciones.

172. Las torres de Hanoi

Son 7 saltos para la torre de 3 discos, 15 para la de 4 y 31 para la de 5.
Solución general: $2^n - 1$ saltos para la torre de n discos. Ante una torre de 64 discos como la de la leyenda serían precisas 18.446.744.073.709.551.615 transferencias, número que dicho sea de paso es igual al de granos de arroz de otra leyenda india, la del brahman Sissa inventor del tablero de ajedrez.

173. Asesinato antes de medianoche

El comisario manda detener a la ex condesa y al joven jardinero porque han mencionado detalles que sólo podían conocer los asesinos. La ex condesa supo que existía un nuevo testamento pese a no haberse hallado sobre la mesa más que borradores, luego ella debió quedarse con la versión definitiva y firmada. El jardinero sabe que el conde fue asesinado por la espalda pese a estar el cadáver tumbado cara arriba y con un orificio en el pecho que, excepto para un forense, podía pasar por ser el de entrada del tiro.

174. Formando dados

El hexágono regular es el único a partir del cual no se puede construir un dado.

Los dados con caras pentagonales constan de 12 caras y se denominan dodecaedros.

Existen dos dados cuyas caras son triángulos equiláteros, uno de cuatro caras y otro de veinte. El primero se llama tetraedro y el segundo icosaedro.

175. Nuevos vecinos

Solución

de izquierda a derecha, orientación este	de derecha a izquierda, orientación oeste
1. los Maloney	los Mahoney
2. los Mayer	los Marshall
3. los Maxwell	los Matheson
4. los Mallette	los Marleau
5. los Marlow	los Martin
6. los Maybury	los Major

de izquierda a derecha, orientación este	de derecha a izquierda, orientación oeste
7. los Malone	los Magnan
8. los Masterson	los Marquardt
9. los Mallory	los Marsden
10. los Marsh	los Mathew
11. los Mayfield	los Matsen
12. los Matlock	los Macklin

176. Siluetas 2

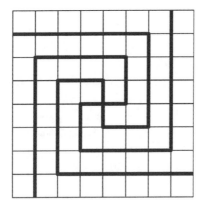

177. Cuatro cuadrados

A = 1 cuadrado
B + B = 1 cuadrado
C+ C = 1 cuadrado
D +D + D+ D = 1 cuadrado

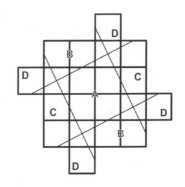

178. Entre la sartén y el fuego

La joven dijo: «Seré torturada y quemada». Lo cual impedía torturarla y quemarla ya que en tal caso habría dicho verdad y se haría acreedora a la muerte por ahogamiento. Pero si la hubiesen ahogado, la frase habría sido mentira y por tanto habría sido preciso torturarla y quemarla, con lo cual le habrían dado la razón a ella. En consecuencia la serpiente se mordió la cola y no tuvieron más remedio que dejarla en libertad.

179. La dominación de las damas

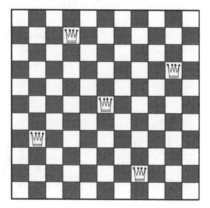

180. Ocultar dos líneas

Tendrá que doblar la hoja dividiéndola dos veces a lo largo y a lo ancho (como se ve en la ilustración).
Una vez hecho esto, éstas son dos posibles soluciones:

1. Doble la hoja por la mitad horizontal hacia detrás; doble la banda vertical derecha hacia delante y la banda vertical izquierda hacia atrás.

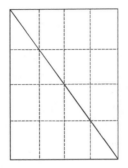

2. Doble la banda superior hacia atrás; doble la banda vertical derecha hacia delante y la banda vertical izquierda hacia atrás; doble la banda horizontal superior hacia delante.

181. ¿Quién soltó los animales del desierto del parque zoológico?

Consideraciones

Considere que quien soltó el gato montés hace dos afirmaciones verdaderas y una falsa, la persona que soltó el coyote hace una declaración verdadera y dos falsas, y que la persona que soltó la jabalina y la persona que soltó el puma formulan ambas tres declaraciones falsas. Uno de los culpables también liberó la cabra montaraz y otro liberó el monstruo de Gila.

B soltó la jabalina y D soltó el puma. Al menos eso parece, dado que quien soltó la jabalina y quien soltó el puma sólo formulan declaraciones falsas. Ninguno pudo ser quien respondió a la primera declaración de A o a la primera declaración de C, puesto que, de lo contrario, sus respuestas habrían sido verdaderas.

En caso de que la primera afirmación de A sea cierta, A es la persona que soltó el gato montés. Si por el contrario es falsa, A es la persona que soltó el coyote. En cualquier caso, las declaraciones segunda y tercera de A son una verdadera y otra falsa. Según la tercera declaración de A, que sabemos es verdadera, la segunda de sus declaraciones es falsa. A soltó la cabra montaraz.

Según lo que expresa B en su segunda declaración, que es falsa, C soltó el coyote y, por lo tanto, A soltó el gato montés. Según la segunda afirmación de C, que también es falsa, C no soltó el monstruo de Gila. A partir de la tercera declaración de B, que es asimismo falsa, sabemos que B no soltó el monstruo de Gila. Según lo dicho por D en su segunda afirmación, que es falsa, D tampoco soltó el monstruo de Gila. En consecuencia, A soltó el monstruo de Gila.

Solución abreviada

A soltó el gato montés, la cabra montaraz y el monstruo de Gila.

B soltó la jabalina.

C soltó el coyote.

D soltó el puma.

182. Octagonal

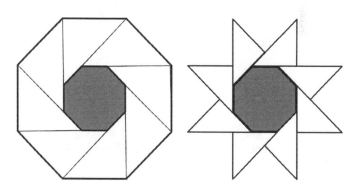

183. Conexiones

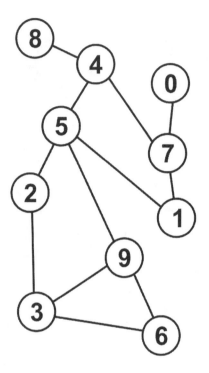

184. Transporte de valores

Buitrago introdujo un billete de 1 dólar en el primer sobre y luego fue duplicando la cantidad hasta el 9.º sobre. En el 10.º introdujo el resto, 489 dólares. De tal manera que los sobres contenían 1, 2, 4, 8, 16, 32, 64, 128, 256 y 489 dólares.

185. Años enrevesados

El año 1066 fue el de máxima diferencia con su enrevesado, a saber 9901 − 1066 = 8835.

Los años de mínima diferencia fueron el 6 y e19; además el 1 y el 8 son idénticos con sus enrevesados. Pero si consideramos que históricamente la cuenta de los años d.C. comenzó en 532, deberían constar los años 669, 868, 898 y 996, todos los cuales presentan 30 de diferencia con sus enrevesados.

186. Cuadrados en blanco y negro

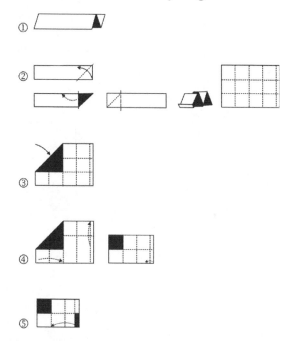

1. Divida el folio mediante dos pliegues longitudinales en tres bandas de la misma anchura.
2. Divida ahora la tira de tres capas que ha obtenido anteriormente en varios cuadros y un pequeño resto. El tamaño de estos cuadrados lo determinará doblando una de las esquinas de la tira. Despliegue el folio y tenga a mano otro folio ya doblado en 12 cuadrados y una pequeña tira restante.

3. Doble la esquina superior izquierda de tal manera que el cuadrado de la esquina cubra exactamente el segundo cuadrado de la banda del medio.
4. Doble ahora las bandas superior e izquierda hacia atrás y al mismo tiempo pliegue la pequeña banda restante hacia delante.
5. Doble los dos cuadrados de la banda derecha que queda y habrá resuelto el problema.

187. Sustracción, cuatro dígitos desconocidos

Consideraciones

(5)	(4)	(3)	(2)	(1)
A	B	A	A	C
− A	C	C	A	A
A	A	B	C

En la columna (2), B por debajo de la línea debe ser 0 o 9, dependiendo de si se arrastra o no una cifra desde la columna (1). Suponga que B por debajo de la línea es 0. De ser así, B por encima de la línea es 1. En ese caso, dado que no llevamos cifra alguna desde la columna (5), C por encima de la línea en la columna (4) debe ser 0. Sin embargo, ahora en la columna (1), si C sobre la línea es 0, deberá haber una cifra arrastrada desde la columna (2). Por consiguiente, B por debajo de la línea no es 0, sino que es 9. En consecuencia, B por encima de la línea es 8.

En la columna (1), C por encima de la línea es igual a C bajo ella más 1 o C por debajo es igual a menos 1. Si C por encima de la línea es igual a C por debajo más 1, entonces A por encima de la línea es igual a 1. Si C por encima de la línea es igual a C por debajo menos la unidad, entonces A por encima de la línea es igual a 9. No obstante, si A por encima es igual a 1, no se arrastra cifra alguna desde la columna (1), puesto que C no puede ser igual a 0 por encima de la línea y a 9 por debajo. En consecuencia, A sobre la línea es igual a 9 y A bajo ella es igual a 8. Así las cosas, C por encima de la línea debe ser 0, siendo así que C por debajo es la unidad.

Solución abreviada

A	B	C
9	8	0
8	9	1

	9	8	9	9	0
−	9	0	0	9	9
	8	8	9	1

188. Rejilla

3B.

189. Conexiones 2

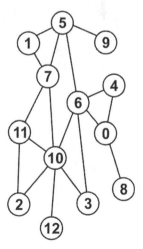

190. A cara o cruz

Buitrago debería aprender a hacer trampas como Manolarga, porque el problema que se ha planteado es imposible.

191. El castillo de los fantasmas

Hay distintas posibilidades. Se muestra aquí una de las variantes de la solución. Los títulos de los aristocráticos espectros van indicados por la inicial y las celdas se han numerado en el sentido de las agujas del reloj.

Celdas originarias	P1	D2	C3	E4	L5
Asignación de Elena	C3	L5	E4	D2	P1
1.er traslado	C3	L5	P1	E4	D2
2.º traslado	D2	C3	L5	P1	E4
3.er traslado	D2	C3	E4	L5	P1
4.º traslado	P1	D2	C3	E4	L5

En el primer traslado, la Princess pasa a la celda de la Countess; previamente el Duke y el Earl se habrán movido una celda en el sentido de las agujas del reloj.

En el segundo traslado, el Duke pasa a la celda de la Princess; todos los demás se habrán movido previamente una celda en el sentido de las agujas del reloj.

En el tercer traslado, el Earl pasa a la celda de la Countess; previamente la Princess y el Lord se habrán movido una celda en el sentido de las agujas del reloj.

En el cuarto traslado, la Princess pasa a su celda originaria; previamente todos los demás se habrán movido una celda en el sentido de las agujas del reloj.

192. Rompecabezas de un solo trazo

193. Ladrones en el vecindario

Consideraciones

De los enunciados 1, 3 y 6 se deriva que el perro de Milton no se llama Moriarty, Maurice, Martín ni Marion. Por consiguiente, el perro de Milton debe llamarse Melville. Así pues, y según el enunciado 5, el perro de Martin responde al nombre de Milton y, según especifica el enunciado 1, el perro de Melville se llama Moriarty. Por lo tanto, del enunciado 2 se deduce que Moriarty es el dueño del perro llamado Marion.

En consecuencia, el perro de Maurice responde al nombre de Martin, y el perro de Marion se llama Maurice. Del enunciado 4 concluimos que el ladrón es Moriarty.

Solución abreviada
El perro de Marion se llama Maurice.
El perro de Martin se llama Milton.
El perro de Maurice se llama Martin.
El perro de Melville se llama Moriarty.
El perro de Milton se llama Melville.
El perro de Moriarty se llama Marion.

El ladrón no es otro que Moriarty.

194. El experimento hexagonal

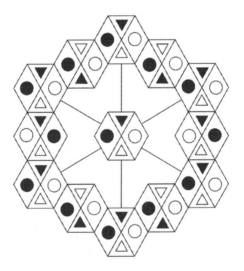

Las secciones más grandes contienen círculos que van alternando el blanco y el negro en las secciones contiguas. Lo mismo sucede con los triángulos que aparecen en las secciones pequeñas.

195. Fábrica

6.

Si todas las 47 mujeres llevaran gafas, sólo 31 hombres llevarían gafas. Si 19 de estos hombres tuvieran menos de 30 años, sólo 12 hombres de 30 años o más, llevaban gafas. Si los seis trabajadores que llevaban menos de un año allí, llevaban gafas, 12 - 6 = 6 hombres como mínimo llevaban gafas, tenían al menos 30 años, y llevaban allí más de un año.

196. Protocolo

El cambio de asientos se habría realizado así (M= mujeres; H = hombres; * = asiento vacío).

MMMMHHHH	= fila inicial
M**MHHHHMM	= primera permutación
MHHM**HHMM	= segunda permutación
MHHMHMH**M	= tercera permutación
**HMHMHMHM	= cuarta permutación

197. Cruces recortadas

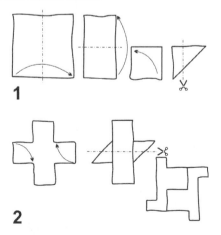

198. Demasiado listillo

Éstas son las 21 posibilidades de partir la figura en dos partes con la misma superficie.

199. Concurso de la tala de madera

Solución

1. Egum	7. Estum
2. Epum	8. Esum
3. Elfum	9. Edum
4. Efrum	10. Ebum
5. Ekum	11. Eskum
6. Evum	12. Ensum

200. Círculos y triángulos

C.

Dos círculos generan un triángulo en el siguiente cuadrado y dos triángulos generan un círculo.

En la hilera superior, el cuadrado (1)contiene cuatro círculos que, por lo tanto, generan dos triángulos en el cuadrado (2) y, al mismo tiempo, los dos triángulos producen un círculo.

Desde el cuadrado (2), los dos triángulos generan un círculo en el cuadrado (3) y, al mismo tiempo, el círculo del cuadrado (2) se traslada al cuadrado (3).

Los dos círculos del cuadrado (3) generan, entonces, el único triángulo de la respuesta C.

201. Salvados del poste de los tormentos

Aarón vio dos plumas blancas. Por tanto, la pluma de su propio sombrero podía ser blanca o negra. Y dedujo que Bill y Carl estarían viendo cada uno o bien dos plumas blancas o bien una blanca y una negra.

Bill vio una pluma blanca y una negra. En consecuencia dedujo que Aarón estaría viendo dos plumas blancas o una blanca y una negra. Pero si Carl estuviera viendo dos plumas negras, Bill sabría que la de su propio sombrero debía ser blanca. Visto que Carl callaba, era preciso que su propio sombrero tuviese pluma blanca y por eso Bill anunció que tenía pluma blanca.

La reflexión de Carl fue similar a la de Bill y tras haber callado un rato dio también la respuesta correcta.

Aarón oyó ambas respuestas y dedujo de ellas que habrían visto en el sombrero de él una pluma negra. Porque si hubiesen visto una pluma blanca, ni Carl ni Bill habrían podido sacar del silencio del otro ninguna conclusión segura, al faltarles la seguridad de que los sombreros de ellos no llevaban pluma negra.

202. Tres ladrillos

Se dispone de las siguientes 26 colocaciones posibles de 3 fichas de dominó según las reglas que ha dado Raposo.

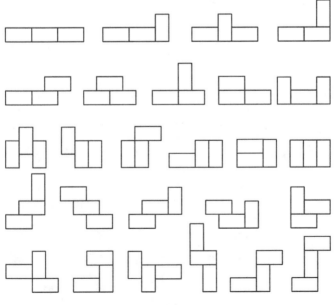

203. El plan de batalla del cocinero

Una escalera se ha de colocar transversalmente en una esquina del foso para que la segunda alcance el castillo de manera segura.

204. Secuencia de rayos

D.

El rayo tiene tres puntos que entran en contacto con los lados del rectángulo. En cada paso, dos de los puntos están en contacto con los lados del rectángulo. Por ejemplo: en el paso 1, los puntos (A) y (C) están en contacto.
La secuencia, entonces, sigue de la siguiente forma:

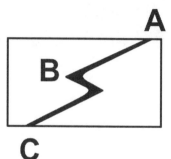

(I) El punto (A) cae hasta que dos puntos estén en contacto de nuevo.

(II) El punto (C) sube hasta que dos puntos estén en contacto (en este caso los puntos (B) y (A), como en el paso 3).

(III) El punto (A) cae.

(IV) El punto (C) sube.

205. Jugando a cartas

No era una apuesta justa. El hombre (A) ganaría cuando el valor de las cartas fuera el mismo.

Como ejemplo: (A) saca 8.

(A) gana si (B) saca 2, 3, 4, 5, 6, 7, 8.

Por lo que (A) tiene 7 cartas de 13 para ganar.

(A) pierde si (B) saca 9, 10, J, Q, K, A.

Por lo que (B) tiene 6 cartas de 13 para ganar.

206. Carta estelar

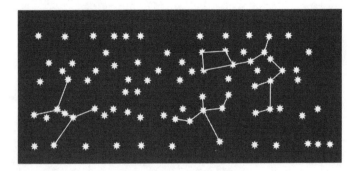

207. Código de cartas

Puesto que hay tres dieces descubiertos, ninguna fila puede contener más de dos dieces, luego las dos cartas ocultas valen como máximo 10 + 9 puntos y como mínimo 1 + 1 punto. El hilo de la deducción continúa de la manera siguiente:

El valor de los naipes descartados es de 31 puntos como máximo. La primera mano auxiliar vale por lo menos 18 puntos, pero está 7 puntos por debajo del valor pedido; luego el total debe estar comprendido entre 25 y 31 puntos. La tercera mano auxiliar vale como máximo 33 puntos y está 8 por encima; luego el valor de los naipes descartados es 25.

Con estas mismas reglas pueden ensayarse otras tira. das y se tiene un juego de adivinanza parecido al *Mastermind*^{TM}.

208. Encuadernando libros

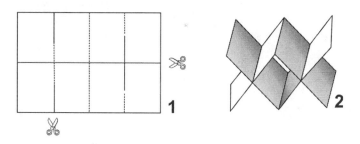

1. Corte el folio previamente doblado a lo largo de las líneas marcadas.
2. Luego debe engranar las dos tiras que se obtienen y plegarias para formar el cuaderno.

209. Los pendones de los vencedores

Solución

Los dieciséis pendones o estandartes están colgados con una disposición triangular que se describe a continuación.

			Rojo y verde esmeralda			
		Plata sobre negro	Borgoña sobre gris	Verde aceituna sobre amarillo		
	Crema sobre verde aceituna	Azul celeste sobre plateado	Rojo sobre blanco	Negro sobre blanco	Carbón sobre anaranjado	
Verde bosque sobre oro	Cobre sobre amarillo	Amarillo sobre marrón castaño	Oro sobre verde pálido	Azul pálido sobre crema	Bronce sobre color crema	Dorado sobre azul real

La ciencia es divertida
Alain Gold

Alain Gold nos ayuda a comprender y desentrañar algunos de los fenómenos científicos con los que convivimos a diario. A través de sus explicaciones amenas y rigurosas podremos (por fin) comprender infinidad de sucesos que, por cotidianos, creemos ya sabidos, pero cuya esencia no siempre sabemos con exactitud. Toda una lección que nos ayuda a entender las leyes que rigen las pequeñas cosas del mundo en que vivimos.

Lo que Einstein le contó a su barbero
Robert L. Wolke

Robert L. Wolke nos ayuda a desentrañar y comprender cientos de fenómenos con los que convivimos a diario. Con explicaciones amenas y rigurosas, el autor nos ayudará a descubrir las «verdades» de nuestro universo físico inmediato. ¿Por qué dirige el fuego sus llamas hacia arriba? ¿Pueden los campesinos reconocer por el olfato la proximidad de la lluvia? ¿Por qué los espejos invierten la derecha y la izquierda pero no el arriba y abajo?

Desafía a tu mente
David Izquierdo

El ingenio es una capacidad que no sólo se refiere al grado cultural o social sino que apela a la intuición y al talento natural. Esta selección de juegos de ingenio le permitirá ejercitar y desarrollar todo el potencial oculto de su intelecto con el objetivo de hacer de usted una persona más brillante, ingeniosa y aguda.

- Juegos para mejorar su capacidad de visualización espacial.
- Ejercicios para relacionar el desplazamiento de figuras en el espacio.
- Descubrir patrones para proseguir secuencias numéricas.
- Juegos para descubrir su capacidad deductiva.